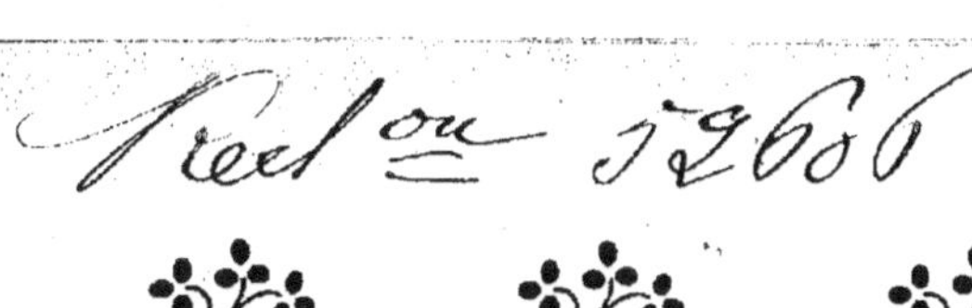

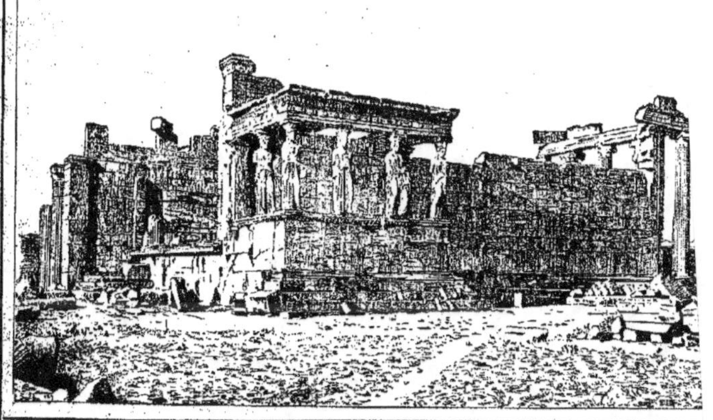

L'ART MONUMENTAL

—·— —·— DE LA GRÈCE. —·— —·—

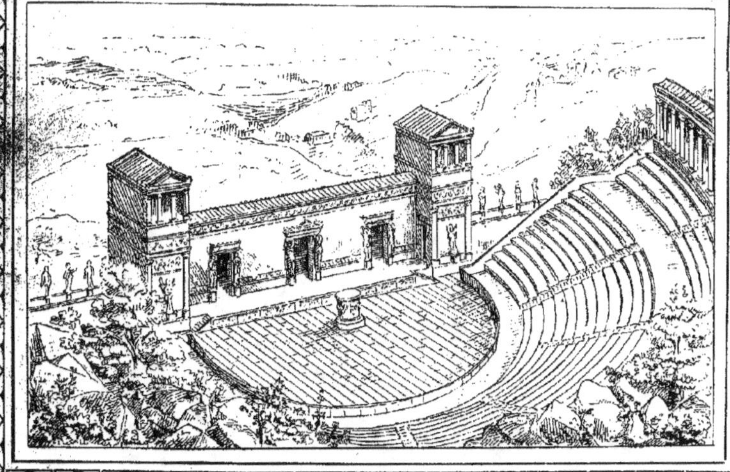

Société de St-Augustin, Desclée, De Brouwer et Cie.

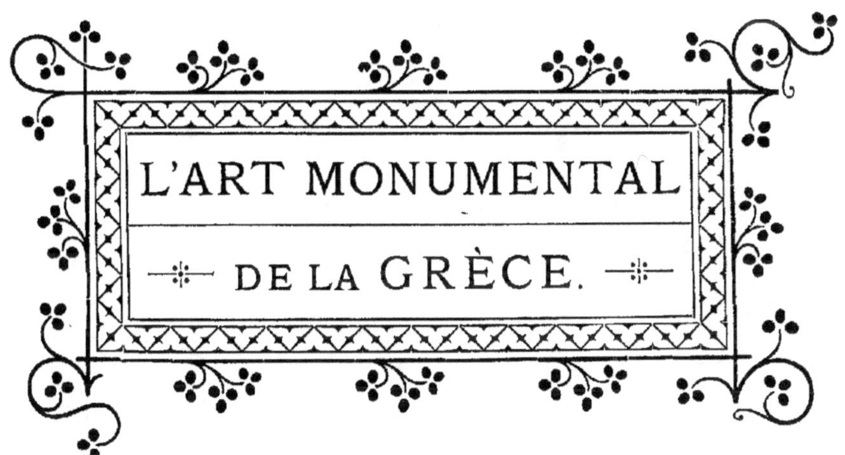

L'ART MONUMENTAL

DE LA GRÈCE.

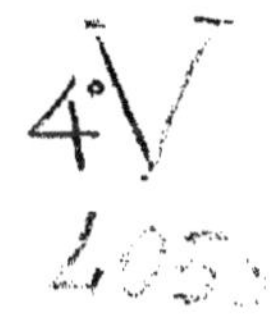

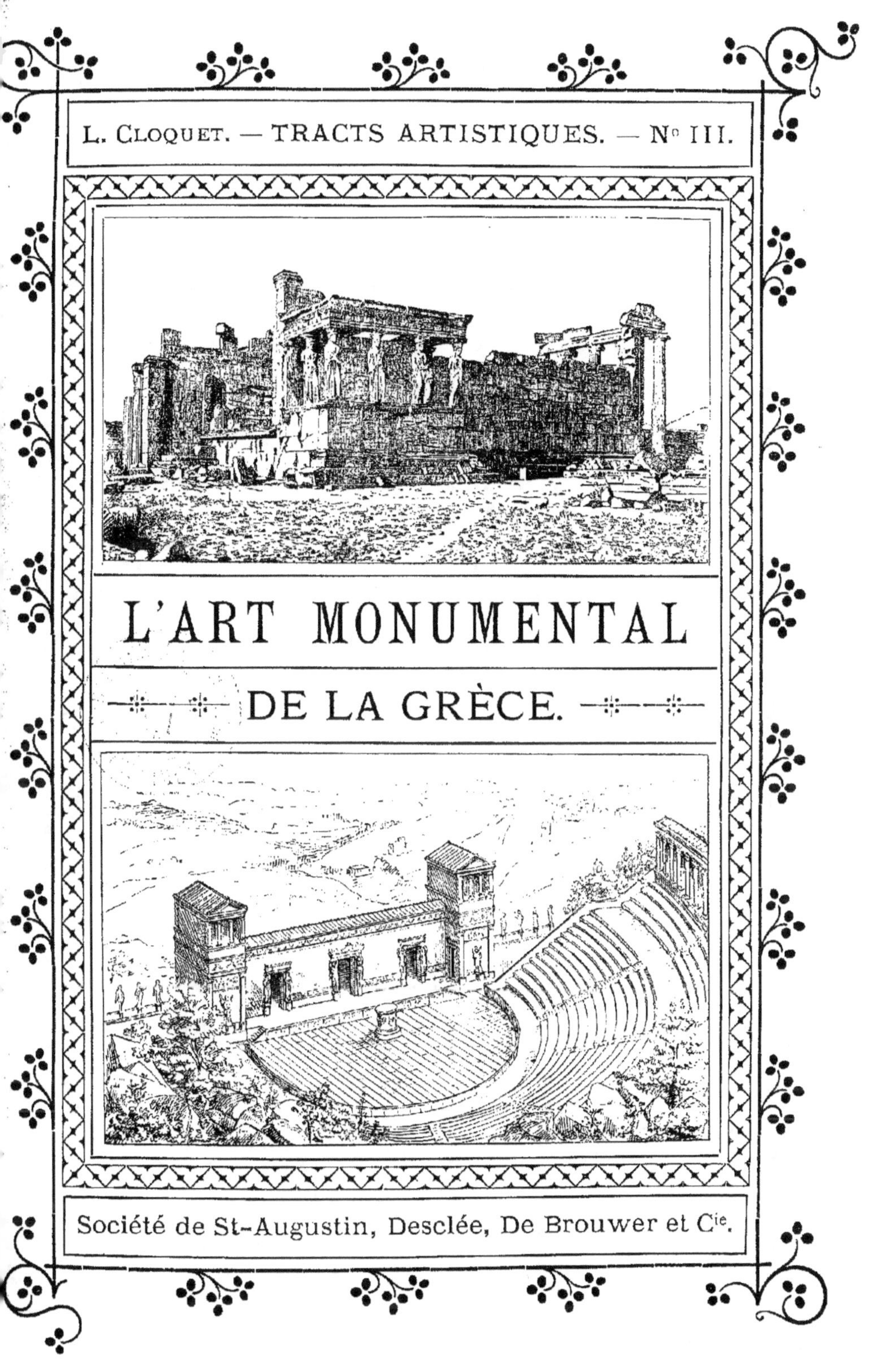

L'ART MONUMENTAL

DE LA GRÈCE.

Société de St-Augustin, Desclée, De Brouwer et Cⁱᵉ.

BIBLIOGRAPHIE.

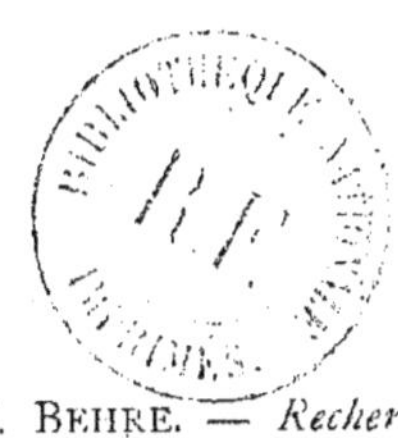

V. BEHRE. — *Recherches sur l'histoire des temps historiques de la Grèce.* Paris, 1856.

E. BEULÉ. — *Histoire de l'art grec avant Périclès. — L'architecture du siècle de Pisistrate.* 1857-1858. — *L'Acropole d'Athènes.* 1853-1854. Paris, F. Didot.

BLOUET. — *L'architecture du Péloponèse.* Paris, Morel. — *Expédition scientifique en Morée.* Paris, Didot, 1831-1858.

A. BŒTTICHER. — *Atlas zu Tektonik der Hellenen.* Potsdam, 1852.

BRONDSTED. — *Voyages et recherches dans la Grèce.*

BRUNN. — *Geschichte der Griechischen Kunstler.*

BUCHON. — *La Grèce continentale et la Morée.*

P. CHABAT. — *Fragments d'architecture.* Égypte, Grèce, etc.

A. CHEVENARD. — *Voyage en Grèce et dans le Levant fait de* 1843-1849. Lyon, Boitel.

M. COLLIGNON. — *L'archéologie grecque.* Paris, May et Motteroz, 1890.

G. COUGNY. — *L'art antique.* (2ᵉ partie.) Paris, Didot, 1894.

E. CURTIUS. — *Histoire grecque.* — (Traduct. de Bouché-Leclerc.)

J. DE WAELE. — *Architecture grecque et romaine.* Gand, 1890.

Ch. DIEHL. — *Excursions archéologiques en Grèce.* Paris, A. Colin, 1892.

H. HETTNER. — *Athen und Pelopones.*

L. HEUZEY et H. DAUMET.—*Mission archéologique en Macédoine.* Paris, 1876.

J. J. HITTORF. — *Les antiquités inédites de l'Attique*, trad. de l'anglais par W. Wilkins.

HITTORF et ZANK. — *Architecture antique de la Sicile.* Paris, 1826.

P. Alb. KUHN. — *Algemeine Kunst geschichte. — L'Architecture et la sculpture grecques.* Einsideln, Benziger, 1895.

V. LALOUX. — *L'architecture grecque*, in-8°. Paris, May et Motteroz, 1889.

PH. LE BAS. — *Voyage archéologique en Grèce et en Asie Mineure.* Paris, 1888.

LEROY. — *Ruines des plus beaux monuments de la Grèce.* Paris et Amsterdam, 1758.

MEYER. — *Histoire des Beaux-Arts chez les Grecs.*

NOLOU. — *Les antiquités d'Athènes et autres monuments grecs.*

OTFRIED MULLER. — *Manuel d'archéologie.* Breslau, 1830. (Traduct. de Pol Nicard.)

F. C. PENROSE. — *Investigation of principles of athenian architecture.* Londres, 1851.

   BIBLIOGRAPHIE.

PERROT et CHIPIEZ. — *Histoire de l'art dans l'antiquité*. T. V. Art mycénien. Paris, Hachette, 1893.

ROGER PEYRE, *Histoire générale des Beaux-Arts*.

M. QUATREMÈRE DE QUINCY — *De l'architecture égyptienne considérée dans son origine, ses principes et son goût, et comparée sous les mêmes rapports à l'architecture grecque*. Paris, 1803.

RANGABE. — *Antiquités helléniques*.

RAOUL-ROCHETTE. — *Monuments inédits*.

O. RAYET. — *Monuments de l'art antique*. 2 vol. Paris, 1879-1883. — *L'art grec* (dans la *Gazette des Beaux-Arts*.)

J. ROUSSEAU. — *Les principes de l'art grec*.

STUART, REVET et HITTORF. — *Antiquités d'Athènes et de l'Attique*. Paris, 1881.

JAMES STUART. — *The Antiquities of Athenes mesured and delineated*. Londres, 1762-1816.

H. TAINE. — *Philosophie de l'art grec*. Paris, Hachette, 1881.

E. VINET. — *Esquisse d'une histoire de l'architecture classique*, 1875.

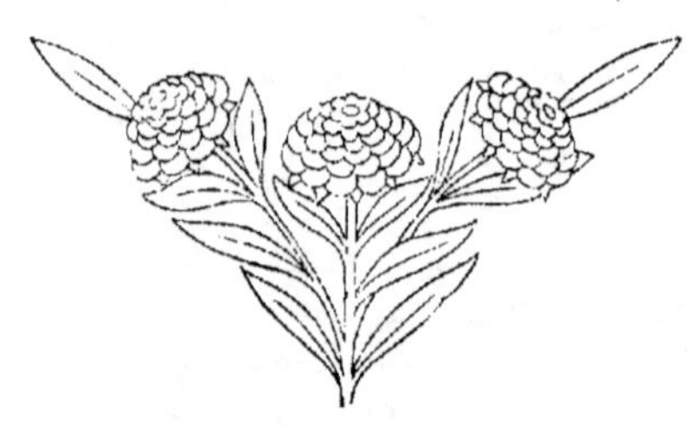

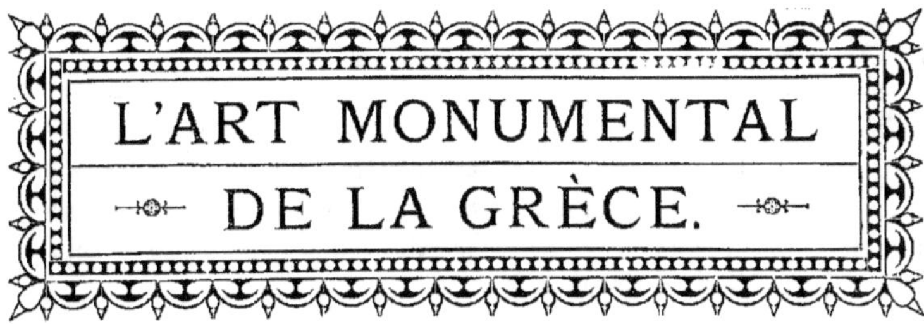

CHAPITRE I. — Origines; chronologie; géographie; caractères généraux.

1. *Les Pélasges et les Hellènes.* — A une époque qui se perd dans la nuit des temps, les pays qui forment le bassin de la mer Égée furent peuplés par des migrations venues de l'Orient ; elles appartenaient à cette race aryenne, qui se distingue par son initiative, son humeur inquiète et son instinct voyageur, et qui semble poussée par la Providence dans sa marche lente vers l'Occident.

Une branche de ce peuple envahisseur, ayant traversé l'Hellespont, s'établit dans les régions montagneuses et boisées de la Thrace et de la Macédoine, tandis qu'une autre occupait les côtes de l'Asie Mineure, colonisait les îles de la mer Égée et peuplait une partie de la Grèce continentale.

Cette dernière forma, dès les temps préhistoriques, la race *pélasgique*, que l'on a longtemps prise pour une population indigène, et qui, les monuments égyptiens l'attestent, était déjà établie en Grèce au temps de la XVIIIᶜ dynastie des Pharaons (1). Ce n'est que beaucoup plus tard, que les tribus *hellènes*, comprenant les Achéens, les Doriens, les Ioniens, les Éoliens, et constituant en grande partie les populations maritimes de l'Asie-Mineure, se répandirent à leur tour sur le sol de la Grèce. Ils se fondirent avec les Pélasges plutôt qu'ils ne se substituèrent à eux : la fusion s'opéra d'autant mieux, que les deux peuples étaient proches parents.

Des découvertes récentes, notamment celles d'Hissarlik et de Santorin, ont jeté quelques lueurs sur l'époque pélasgique. C'est ainsi que l'illustre archéologue allemand Schlieman, mort à la tâche le 26 décembre 1890, a découvert les vestiges d'une ville

---

1. Collignon, *Ouv. cité*, p. 10.

qu'il considère comme n'étant autre que la Troie d'Homère ([1]). En creusant des tranchées à travers le sol d'Ilion il a reconnu les restes de sept villes successivement enfouies au même endroit. Homère n'avait même pas entendu les noms des cinq premières ; l'histoire n'en parle point ([2]).

Seize à vingt siècles avant notre ère, l'île de Théra, des Cyclades, disparut sous la mer, à l'exception d'une bordure circulaire, dans laquelle est comprise l'île actuelle de Santorin ([3]). En 1867 on y a trouvé les traces d'une civilisation aussi ancienne que celle d'Hissarlik. Les objets recueillis à Hissarlik et à Santorin constituent les documents les plus anciens que nous possédions pour l'histoire de l'art grec.

Des trouvailles faites à Mycènes, à Spata et à Rhodes nous font connaître une époque beaucoup plus récente de la même période. Nous décrirons les monuments construits à Mycènes. Schlieman a découvert dans le même lieu, en 1874, cinq tombes et un inestimable trésor funéraire, qui ne comprend pas moins de 20,000 pièces. Les objets qu'il renferme accusent nettement des influences orientales en même temps qu'une origine locale ([4]). Les arts Lydo-phrygiens, assyriens et égyptiens y ont marqué leur empreinte.

2. *Chronologie.* — Le tableau suivant résume très succinctement les faits politiques qui marquent les grandes divisions de l'histoire de la Grèce, en rapport avec son développement artistique.

---

1. Henri Schlieman, dont le nom restera pour toujours attaché à l'étude de l'art grec, a consacré sa carrière à en éclairer les origines ; il dépensait chaque année à ses travaux 300,000 francs de sa fortune personnelle. Il a cru avoir retrouvé la Troie d'Homère, et a donné le nom de *Trésor de Priam* à une riche collection de bijoux barbares d'or ou d'argent qu'il a recueillie. Cette opinion est contestée par des savants qui voient dans la colline d'Hissarlik l'emplacement de l'Ilion des Romains. Néanmoins l'hypothèse de Schlieman reste fort plausible, sinon en ce qui concerne le trésor, du moins quant à l'identification avec la ville de Troie.

2. Schlieman, *Ilios, ville et pays des Troyens*, fouilles de 1870-72, Paris, 1886. — *Troie et ses ruines.* — Lenormant, *Les antiquités de la Troade.* — Ch. Normand, *La Troie d'Homère*, Paris, Rouam, 1892. — A. Boetticher, *La Troie de Schliem in, une acropole à incinération à la manière assyro-babylonienne.* Louvain, 1819.

3. Fouquée, *Santorin et ses éruptions.*

4. Collignon, *Ouv. cité*, p. 16.

CHRONOLOGIE.

HISTORIQUE.	ARTISTIQUE.

HISTORIQUE.

Établissement des *Pélasges* en Grèce. env. 2,000 ans av. J.-C.

Invasion des *Hellènes*. 1650 av. J.-C.

Invasion des *Doriens* dans le Péloponèse. 1190 ([1]).

Avènement de *Pisistrate*, 560 av. J.-C.

Guerres médiques, 480 av. J.-C.

Règne de Périclès, 440 av. J.-C.

Règne d'Alexandre le Grand, 334 av. J.-C.

Conquête de la Grèce par Rome, 146 av. J.-C.

ARTISTIQUE.

I.

Période héroïque.

Antérieure à l'invasion dorienne, 1650.

II.

Période historique.

1° *Époque*, depuis Pisistrate jusqu'aux guerres médiques, *formation* de l'architecture grecque.

2° *Période*, depuis les guerres médiques jusqu'à Alexandre le Grand, *splendeur* de l'art, qui atteint son apogée sous Périclès.

3° *Période*, depuis Alexandre jusqu'à l'annexion romaine, *décadence* de l'architecture.

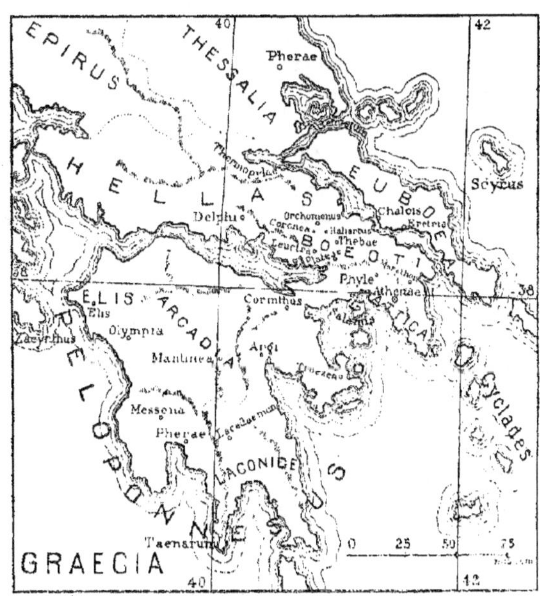

Fig. 1.

1. Planat. *Encyclop. d'Arch.*, t. I, p. 409.

3. — *Géographie.* Séparée du reste de l'Europe par les fortes chaînes des monts Acrocérauniens et Cambuniens, la Grèce allonge un territoire découpé en presqu'îles, entre l'Égypte et l'Asie, et se relie à celle-ci par les îles de l'Archipel. Elle était divisée en un grand nombre de territoires indépendants occupant trois parties distinctes : le Péloponèse, l'Hellade ou Grèce propre, et les îles, (Cyclades et îles Ioniennes). L'heureuse dispersion des îles de ses archipels hospitaliers, et le développement relativement énorme de son littoral, dix fois supérieur à celui de l'Espagne, la mettait en rapports faciles avec les peuples voisins, qui entretenaient avec elle des relations incessantes, grâce à un cabotage très actif.

Corinthe et Sparte, Thèbes et Athènes, ses villes principales, se sont un instant disputé la direction du monde civilisé.

La péninsule, nommée *Hellade*, est la Grèce par excellence. Mais à côté d'elle il y avait : la *Grèce asiatique*, qui, sous l'action du génie ionien, a devancé la Grèce européenne ; la *Grèce africaine*, voisine des bouches du Nil, qui propagea dans l'Hellade les influences artistiques égyptiennes ; et la *Grèce occidentale*, qui poussa ses avant-postes jusque sur les côtes de la Gaule et de l'Espagne, et qui comprenait la Sicile et le Sud de la péninsule italique, nommée Grande Grèce.

La Grèce jouit d'une température douce, et d'un air très pur, d'un climat privilégié entre les régions froides de l'Europe septentrionale et les contrées chaudes de l'Asie. La merveilleuse transparence de l'air y dispose la vue à percevoir vivement la finesse des contours (¹).

Elle possède des gisements de marbre incomparable, mettant à la disposition de l'artiste les plus riches matériaux pierreux, mais les métaux toutefois lui faisaient défaut.

CARACTÈRES GÉNÉRAUX DE L'ARCHITECTURE GRECQUE.

4. — *Emprunts faits aux peuples asiatiques.* Quoique les auteurs grecs aient nié la parenté de leur art avec celui de l'Orient, et aient prétendu posséder en quelque sorte le principe de toutes choses, l'étude des antiquités asiatiques, surtout dans le domaine de l'ornement et de la sculpture, a montré que la civilisation grecque n'était que la continuation d'une civilisation beaucoup plus ancienne.

---

1. V. G. Perrot. *Le sol et le climat de la Grèce. (Revue des Deux-Mondes,* févr. 1892.)

Les Phéniciens, essentiellement commerçants et naviguateurs, si bien nommés les *Anglais de l'antiquité*, ont servi d'intermédiaire entre la Grèce et l'Égypte, et l'Assyrie, et la Perse ([1]).

Ainsi l'on remarque, par exemple, que la description faite par Homère du palais d'Alcinoüs reproduit les traits saillants d'un palais assyrien comme celui de Korshabad. — L'ordre égyptien dit *protodorique*, qu'on rencontre à Karnak et à Beni-Hassan, a été, nous l'avons vu, considéré par plusieurs comme la source du fût dorique grec, et le principe de l'ordre corinthien semble aussi se rattacher à la décoration végétale des chapiteaux égyptiens. — Le tombeau de Cyrus en Perse est comme l'embryon, ou la réduction d'un petit

1. Les origines de l'art grec ont été l'objet d'une intéressante discussion dans les séances de mai et de juin 1895, de l'Académie des Inscriptions et Belles Lettres. MM. Helbig, Perrot, Ravaisson, Collignon, Dieulafoy et de Vogué y ont exposé leur manière de voir.

Beaucoup de savants pensent que l'art mycénien a pris son origine en Grèce. M. Helbig oppose à cette opinion les raisons suivantes : 1° Les œuvres mycéniennes exécutées dans le Péloponèse (stèles, porte des lions, fresque du taureau, etc.), sont inférieures aux objets mobiliers importés de l'étranger. 2° Les procédés techniques qui caractérisent l'art mycénien ne sont pas continués dans l'art hellénique qui suit. 3° Il n'y a aucun rapport entre le style « mycénien » et celui du Dipylon, une des portes d'Athènes, qui le remplace dans la Grèce propre. 4° Les artistes « mycéniens » empruntaient leurs ornements à la faune maritime, ce qui trahit des pêcheurs ; tels n'étaient pas les Grecs d'Homère. 5° On a trouvé des objets du style dit « mycénien » dans des contrées comme l'Égypte, l'Italie, l'Espagne, ignorés des Grecs à cette époque. Toutes les données relatives à l'art « mycénien » conviennent au contraire aux Phéniciens, qu'on retrouve partout où se rencontrent des vestiges du style mycénien. L'art « mycénien » semble se confondre avec l'art phénicien du IIe millésime avant J.-C.

M. Perrot au contraire fait ressortir les différences qui s'accusent dans des développements ultérieurs, entre l'art mycénien et l'art phénicien. L'art grec historique reste conforme aux caractères de Mycènes et a le même génie. La théorie de M. Helbig, selon M. Perrot, n'est qu'une hypothèse, et une hypothèse peu vraisemblable.

Selon M. Ravaison l'art mycénien provient de Thrace. MM. Alex. Bertrand, Th. Berger et Bréal, sont hostiles à la thèse de l'influence phénicienne. M. Clermont-Ganneau, au contraire, partage les idées de M. Helbig. M. Collignon les combat à son tour, tout en accordant une large part aux influences phéniciennes. Les apports de cette dernière source sont incontestables, surtout dans les objets mobiliers. Mais il existe une industrie achéenne. Il y a des artisans indigènes : à eux appartiennent les moules à bijoux, les masques d'or, et surtout l'industrie céramique ; l'évolution de la technique et du style décoratif le prouve.

M. Dieulafoy pense aussi que l'art mycénien a beaucoup emprunté à la Phénicie, à l'Égypte et indirectement à la Chaldée, mais que les formes d'origine étrangères ont été mêlées aux éléments nationaux. D'ailleurs entre Mycènes et Sidon il y eut mieux que des emprunts et des contacts, il y eut des unions si nombreuses, que le type moyen des habitants de la Grèce en fut modifié ; de blond il devint brun.

Enfin M. de Vogué a montré depuis longtemps que les Phéniciens n'ont eu aucune originalité artistique.

(V. *L'ami des Monuments*, 1895, p. 189 et 23.)

temple grec. La plus étroite analogie existe entre l'entablement des Perses et celui des Grecs ; on a même vu l'origine de l'ordre ioni-que dans la volute perse, mais ici il faut admettre que l'ordre des choses semble avoir été renversé par quelques auteurs, car la volute est apparemment inventée en vue de l'usage logique que lui ont donné les Grecs, plutôt que pour être accolée aux flancs de la colonne, comme elle l'a été en Perse d'une manière si étrange. Mais par contre, nous verrons que les denticules de la corniche ionique rappel-lent parfaitement les solives des plafonds de Persépolis.

En somme on reconnaît aujourd'hui que les Grecs n'ont tiré qu'une partie des éléments de leur architecture de leur propre fond, contrairement à ce que l'on avait cru d'abord en présence de l'ad-mirable simplicité de leur art.

Ils ont emprunté aux Égyptiens le système de la colonnade architravée ; mais ils ont substitué aux terrasses asiatiques les *combles à deux versants* soutenus par la charpente en bois. Le fron-ton est l'élément nouveau et caractéristique du temple grec ([1]).

5. — *Différences de l'art grec avec celui de l'Asie.* L'architecture grecque offre en même temps que des traits d'analogie, un *contraste* marqué avec l'art des grands peuples orientaux, dominés par des princes d'une puissance immense, qui donnaient à l'art une impul-sion colossale et une unité servile.

Les Grecs, au contraire, dont le prestige a été si grand, étaient un tout petit peuple, divisé en minuscules états rivaux, habitant des villes, dont la principale, Athènes, ne comptait guère plus de 35,000 hommes libres. Leur vie politique, libre et active, n'engendrait pas de castes séparées et puissantes ; toutes les classes étaient en con-tact ; aucune n'était asservie.

Tel est d'ailleurs l'état social qui résulte naturellement du mé-lange de races de même origine, immigrant successivement sur un même sol, comme cela avait été le cas en Grèce. Nous ne sommes plus ici en présence d'une race supérieure établissant un joug absolu sur un peuple d'esclaves, mais au contraire devant les rivalités de villes autonomes luttant pour la suprématie sur tous les terrains,

---

1. A. Pauli, *Discours prononcé à la classe des Beaux-Arts de l'Académie de Belgique,* 25 octobre 1887.

ou du moins de peuples aborigènes disputant pied à pied au peuple envahisseur le pouvoir politique et l'influence sociale, jusqu'à la fusion définitive des uns dans les autres, au sein d'une civilisation très développée.

Ainsi leurs qualités naturelles, leur organisation politique, ont contribué avec leur situation géographique, à faire des Grecs les *princes de l'art antique*. Le grand art européen commence avec eux.

6. — *Influence du climat.* La mollesse et le charme de la riante Ionie déteint sur ses monuments, tout empreints d'une élégance féminine. Non seulement la race, mais encore la nature du sol et du ciel exerce ici son influence. Si le Béotien, nourri dans des plaines grasses au milieu d'un air épais, était d'une intelligence plus pesante, l'Athénien, élevé dans un air léger, transparent, dans la lumière pure, favorable à la netteté des contours, affectionnait la clarté, la justesse et une simplicité exquise. Les uns et les autres toutefois ont traité les profils avec un art suprême ([1]).

Tandis que dans les plaines brûlantes de la Mésopotamie et de la Basse-Égypte, les palais et les temples offrent des murs massifs et des enceintes aveugles, mais se terminent en terrasse sans souci des eaux du ciel, chez les Grecs l'on songe à s'abriter de la pluie sous des combles à deux versants, mais par contre les édifices s'ouvrent tout au large par des portiques extérieurs.

7. — *Caractère original et rationnel de l'art grec.* Quoi qu'il en soit des emprunts exotiques, les Grecs ont montré que, s'ils n'étaient pas si grands inventeurs qu'on l'avait cru d'abord, ils avaient le génie de l'architecture et surtout le talent d'ennoblir les formes. Chez eux tout est raisonné ; chaque moulure a sa place inévitable. On admire dans leurs monuments un usage modéré et un emploi discret de tout ce qui est destiné à produire de l'effet et une préoccupation extrême de tout perfectionner jusque dans les moindres détails. Doués d'un goût exquis, ils surent tirer profit de leur situation privilégiée, entourés qu'ils étaient de nombreux voisins, auxquels ils firent des emprunts intelligents et raisonnés.

---

1. V. C. Bertrand, *Études sur la peinture et la critique d'art dans l'antiquité*, p. 62, et Perrot, *L'art de l'Asie Mineure (Mélanges d'archéologie).*

Chez eux l'ornementation n'était destinée qu'à relever l'édifice ; ils ne la considéraient jamais isolément ; principe essentiel dont ils ont les premiers donné l'exemple au monde.

Leur architecture, basée sur des principes vrais et immuables, est appelée *classique*, et proposée, à certains égards, comme le modèle de toutes les autres. Elle réalise incontestablement l'effort le plus grand et le plus heureux de toute l'antiquité vers le Beau.

Exposés par leur grande indépendance à manquer, dans la mesure nécessaire, de *l'unité* dans l'art, ils furent préservés de ce danger par une répugnance innée à toute exagération.

Leurs artistes travaillaient sous les yeux d'un public raffiné, dédaigneux des gros ouvrages, et doué d'un sens critique sévère. Ce peuple avait le tempérament voulu pour briller entre tous dans les arts. Il honorait ses artistes et en particulier ses architectes. Des *stèles* dressées sur les places publiques portaient leurs noms et les comptes de dépenses gravés dans le marbre, comme pour l'arsenal du Pirée, d'Archéloüs, d'Athènes et pour la restauration de l'Erechthéïon, due à Archiloque. L'agora du Pirée portait le nom de son architecte, Hippodamos ; il en était de même de la basilique de *Métiochos* à Athènes, et du portique d'*Agnaptos* à Olympie [1]. Des statues furent élevées à Byzès de Naxos et à Zénon d'Aspendus, au premier pour avoir inventé de tailler dans le marbre des tuiles couvre-joints [2], pour avoir construit le théâtre et dirigé les travaux de sa ville natale [3].

1. E. Mallay, *Étud. sur l'antiquité*, Clermont-Ferrand, 1879, in-8°, p. 50.
2. Pausanias, trad. Clavier, *Élide*, etc., Paris, 1820, t. III, p. 64.
3. Ch. Texier, *Descript. de l'Asie Mineure*, Paris, 1879.

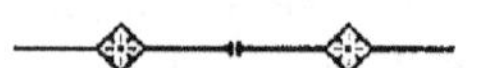

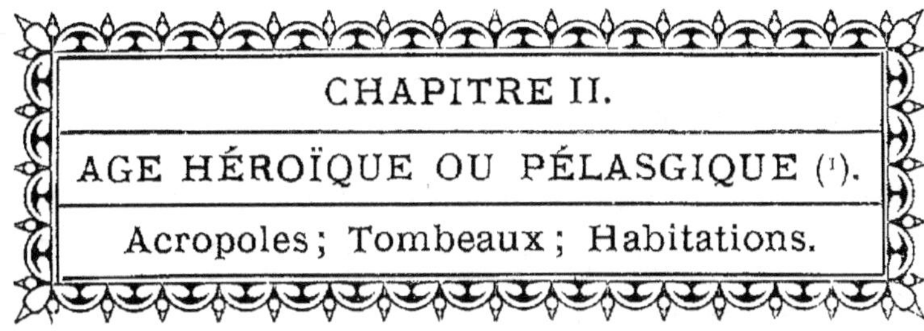

ACROPOLES.

8. — Les plus anciennes constructions que l'on rencontre sur le
sol de la Grèce ressemblent à celles que l'on retrouve en Asie
Mineure et en Italie, comme dans toutes les contrées qu'on croit
avoir été occupées anciennement par les Pélasges ; de là le nom de
pélasgique donné aux vestiges d'une époque légendaire correspondant à l'époque héroïque chantée par les poètes. Les vestiges en
question appartiennent en général à des enceintes de villes, ou
acropoles.

Les acropoles des villes préhistoriques de la Grèce étaient établies sur une éminence rocheuse, et entourées de murs puissants, de
3 à 8 mètres d'épaisseur. Le tracé de ces murs suivait le contour
naturel du massif servant d'assiette ; ils affectaient toutefois de nombreux angles saillants, permettant aux défenseurs de battre les
approches des murs et jouant ainsi jusqu'à un certain point le rôle
de tours de défense.

On a trouvé dans l'épaisseur de ces gigantesques murailles des
couloirs, des casemates, des citernes, amortis en berceau, à cintre
ogival, appareillés en encorbellement. Elles étaient percées de portes, ordinairement de forme triangulaire, parfois en cintre brisé, que
nous décrirons plus loin (²).

Les Pélasges élevèrent dans les trois régions que nous venons
d'indiquer, pendant leurs migrations, des constructions grossières,
qu'on rencontre en Asie Mineure à Hissarlik, à Pterum, en Cap-
padoce, en Thessalie, en Thrace, en Argolide, à Erétrie dans l'île

---

1. V. Behr, *Recherches sur l'histoire des temps héroïques de la Grèce*. Paris, 1856. —
V. G. Cougny, *L'art antique*, t. II. — Schlieman, *Ilion, ville et pays des Troyens*, etc.,
1882. — Petit-Radel, *Recherches sur les monuments cyclopéens*. — Fr. Lenormant, *Les
antiquités de la Troade* (*Gazette des Beaux-Arts*, janvier-juin 1876).

2. V. Ch. Diedl, *Excursion archéologique en Grèce*, 1892, p. 54-63.

d'Eubée, surtout dans le Péloponèse à Tirynthe ([1]), à Mycènes et sur les côtes de l'Italie méridionale ; on en a retrouvé en 1894 dans le lac Copaïs ([2]). Leurs ruines, explorées récemment par Schlieman et par M. Doerpfeld, sont nommées Cyclopéennes, parce que les Grecs, étonnés de leur grandeur, les attribuaient à des êtres fabuleux nommés Cyclopes.

Le Péloponèse est la province la plus riche en ruines pélasgiques. On y rencontre les ruines d'acropoles connues sous le nom de *galeries de Tirynthe*. Ces galeries sont pratiquées à l'intérieur d'épaisses murailles, et leur voûte en berceau, au cintre en tiers point, est formée d'assises horizontales posées en encorbellement. On voit encore, non loin de Tirynthe, à Mycènes, des ruines un peu plus récentes, mais beaucoup plus importantes, d'une acropole des temps héroïques. Les murs sont faits de grosses pierres juxtaposées avec soin, dressées en parement, et disposées suivant plusieurs appareils différents que nous allons décrire.

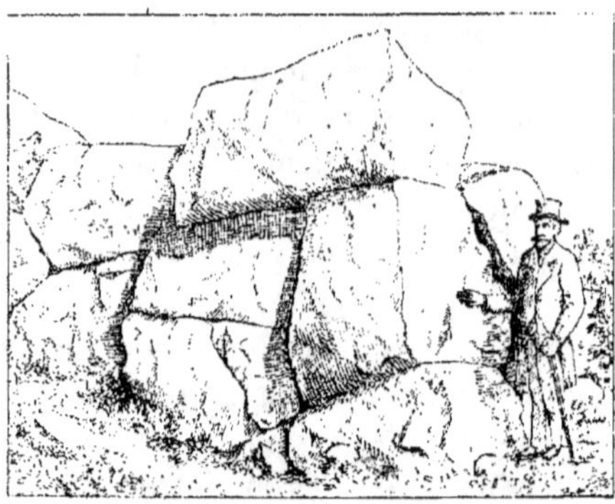

Fig. 2. — Acropole d'Érétrie.
Appareil cyclopéen.

9.—*Appareils*. On classe ces constructions suivant les différences que présentent les divers appareils des murs, sans que ceux-ci correspondent toutefois à autant d'époques distinctes.

Les maçonneries étaient exécutées en matériaux très volumineux. On a cru longtemps qu'elles étaient formées sans le secours d'aucun mortier ; il paraît qu'il n'en est rien ([3]). Nous en reproduisons différents spécimens, d'après des photographies prises à Érétrie ([4]).

1. V. Gaston Cougny. *L'art antique*, t. II, p. 32.

2. La mission archéologique allemande d'Athènes a découvert, en février 1894, dans le lit desséché du lac Copaïs, les ruines d'une ville qui paraît beaucoup plus importante que Mycènes ou Tirynthe. Les murailles sont semblables à celles de Mycènes, mais les objets d'art retrouvés paraissent appartenir à une civilisation inconnue jusqu'à ce jour.

3. V. G. Cougny. *Ouv. cité*, t. II, p. 32.

4. *Journal of archeology*, Baltimore, 1892.

Les plus anciens de ces ouvrages, nommés particulièrement *murs cyclopéens* (fig. 2), sont formés de blocs énormes de calcaire compact, pesant jusque 13000 kilos ([1]) ; ils sont irréguliers, ou du moins peu taillés ; ils ont été assemblés à l'aide d'argile, qui a disparu à la longue ; de petites pierres bouchent les intervalles. On en retrouve les types les plus frappants à Tirynthe, en Argolide, où les murs sont percés de portes triangulaires étroites, et à Erétrie.

L'appareil *pélasgique* proprement dit (fig. 3) se compose de gros blocs employés à peu près tels que la carrière les fournissait, mais choisis parmi les formes parallélipipédiques,

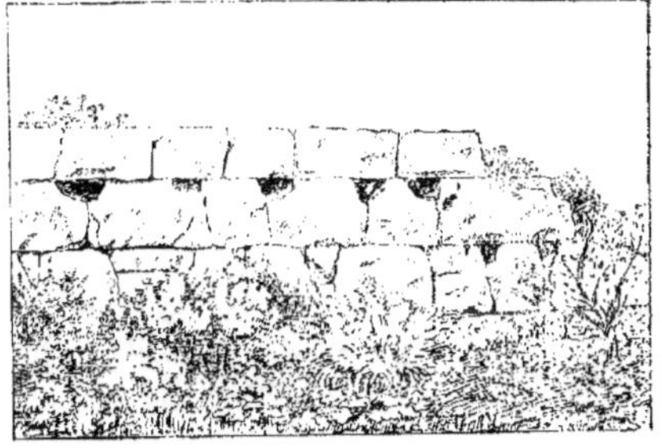

Fig. 3. — Acropole d'Érétrie.
Appareil pélasgique.

et placés plus ou moins régulièrement : une partie du mur d'enceinte de Mycènes était ainsi constituée. Chose étrange, plusieurs assises consécutives présentent des joints verticaux continus.

L'appareil pélasgique comporte une autre variété, que les archéologues appellent le système *polygonal* (fig. 4). Les blocs sont quadrangulaires et placés, non en assises horizontales, mais à la manière des matériaux des murs cyclopéens; ils sont juxtaposés, suivant des faces non pas dressées avec précision, comme on l'a dit, mais disposées de manière à former,

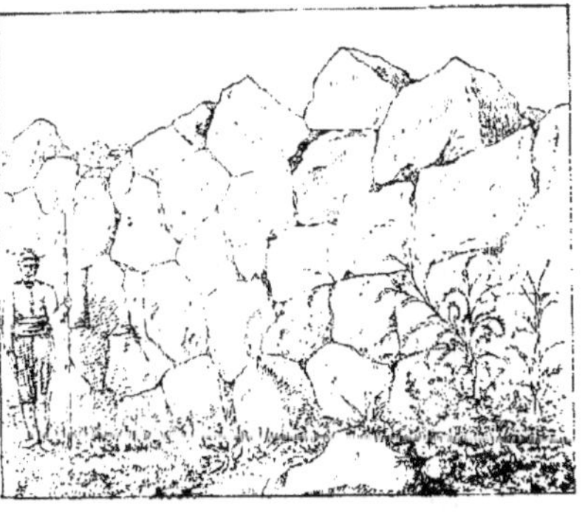

Fig. 4. — Acropole d'Érétrie.
Appareil polygonal.

en parement un lacis capricieux de joints. Les murs de Mycènes, de Platée, de Chéronée offrent la forme la plus perfectionnée de l'appareil pélasgique.

Les trois appareils précédents se voient réunis dans l'enceinte

1. V. Perrot et Chipiez. *Histoire de l'Art dans l'antiquité*, t. VI, p. 266.

de Mycènes ; les uns et les autres ont parfois été exécutés par les mêmes ouvriers.

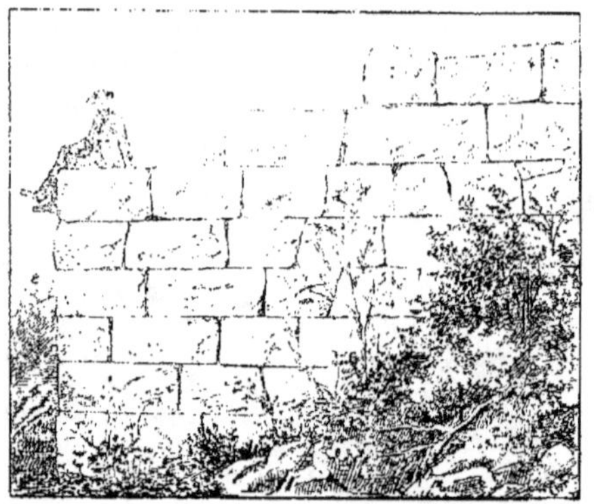

Fig. 5. — Acropole d'Érétrie.
Appareil régulier.

Dans les murs pélasgiques peu épais, tous les blocs forment parfois parpaing ; d'autres fois les murs offrent des parements de grand appareil renfermant à l'intérieur du remplissage en blocage *(opus emplectum)*.

A l'époque historique les Grecs ont gardé l'*appareil régulier*, offrant des assises convenablement liées, et qu'ils ont parfois mis en évidence à l'aide de refends et même de bossages ([1]). (Fig. 5.)

10. — *Portes*. Les portes primitives des maisons préhistoriques, comme aussi celles de quelques édifices plus soignés de l'époque mycénienne, offraient un chambranle en bois, de forme triangulaire ([2]). Pour des portes plus importantes on établit un linteau, et la porte prit la forme d'un trapèze.

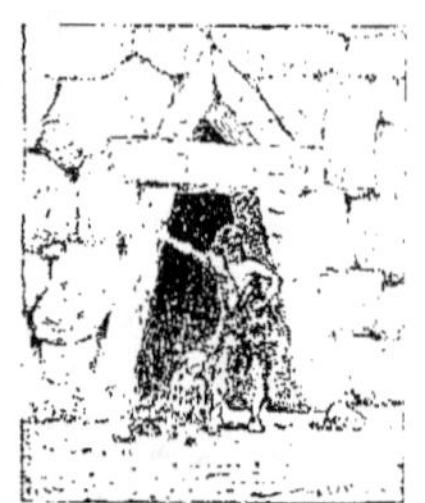

Fig. 6.
Porte préhistorique.

Plus tard le linteau de pierre remplaça le linteau en bois, et les jambages furent supprimés, quand l'appareil des pieds droits devint très régulier. Mais le dessin de l'encadrement complet fut souvent copié dans le chambranle, même appareillé. De là le type de la porte que Vitruve appelle *attricurgue*.

Les murs d'enceinte des villes présentent des baies de portes parfois assez remarquables. La plupart sont composées de deux jambages légèrement inclinés vers l'intérieur de la baie et surmontés de deux autres pièces plus couchées formant décharge (fig. 6). Telle est la porte de Délos.

1. E. Breton. *Monuments de tous les peuples.*
2. Perrot et Chipiez. *Histoire de l'art antique*, t. V, p. 508.

Dans d'autres portes, la baie est limitée par le mur lui-même, appareillé en assises régulières, et le vide est recouvert par l'encor-bellement graduel des assises l'une sur l'autre, comme dans les voûtes égyptiennes. Cet en-corbellement est parfois irrégulier ; quelque-fois les assises sont taillées suivant une droite inclinée ; alors la porte est triangulaire, comme celles de Missolonghi (fig. 7).

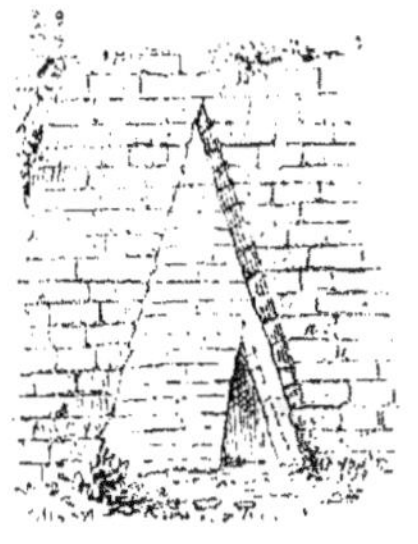

Fig. 7.
Porte de Missolonghi.

Un troisième système offre une baie en *arc aigu* formé d'encorbellements semblables, mais découpé exactement suivant le tracé d'un cintre surélevé, comme dans la porte de Thoricus (fig. 8).

Enfin la belle porte d'Assos (fig. 9) offre la perfection d'une baie de porte, telle qu'on l'a comprise plus tard, à l'époque romane. Sous une décharge en arc brisé s'abrite une baie rectangulaire amortie par un linteau, portant par deux corbeaux sur des pieds droits, qui sont garnis de jam-bages reliés au massif par des amorces.

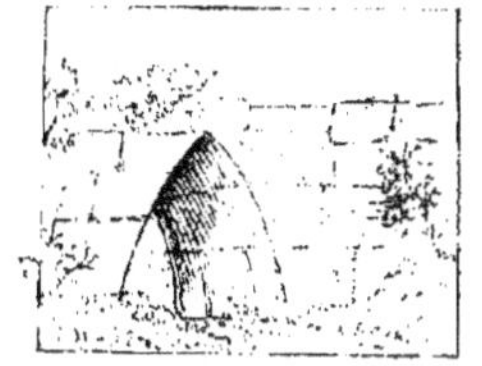

Fig. 8.
Porte de Thoricus.

La porte du palais mycénien offrait un cadre en bois.

11. — *Entrées de villes.* Les portes des acropoles, à toutes les époques, depuis la porte relevée par Schlieman et M. Doerpfeld à Tiryn-the, jusqu'aux Propylées d'Athènes, offrent toujours la même disposition : la porte proprement dite est comprise entre deux vestibules formant porti-ques. A Tirynthe, ceux-ci avaient la forme de temples à antes, c'est-à-dire, que leur front consistait en deux co-

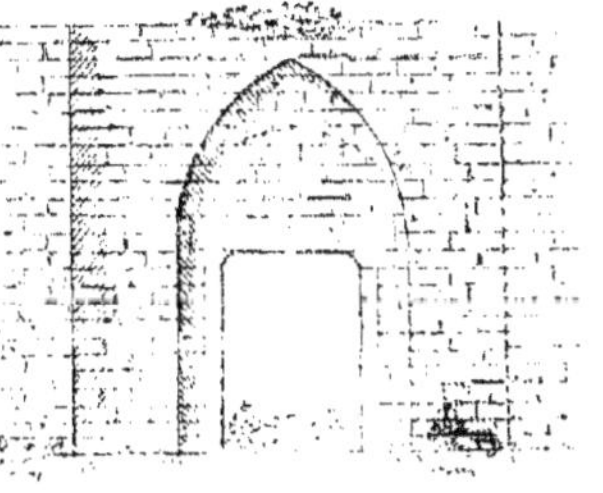

Fig. 9. — Porte d'Assos.

lonnes placées entre deux pilastres. La porte proprement dite était pareille à celle de Mycènes, que nous décrirons plus loin, juste de même ouverture (2ᵐ 86) et fermée par deux vantaux de bois per-clus à l'aide d'une poutrelle transversale (¹).

1. V. Perrot et Chipiez. *Ouv. cité*, t. VI, p. 281. — V. Schlieman, *Mycènes.*

Les constructions des premiers Pélasges, grossières et massives, n'ont presqu'aucun rapport avec le sentiment du beau. Mais leur art se développa sous l'influence orientale. Les descriptions des poètes nous font entrevoir une civilisation inspirée de l'Asie. Au temps d'Homère on sent que les édifices, dont malheureusement aucun vestige ne nous est conservé, devaient offrir une certaine élégance. Les monuments de la période achéenne, antérieurs aux invasions doriennes, témoignent déjà d'un certain art et offrent un mélange de style ogival et d'influence orientale.

Le plus beau spécimen de cette période est le tympan de la *porte aux lionnes* de Mycènes, motif tout à fait asiatique, intéressant à comparer avec la *lionne blessée* de Kouijoundijk conservée au *British museum*. Il faut citer également des colonnes cannelées, des frises, etc., récemment retrouvées par Schlieman.

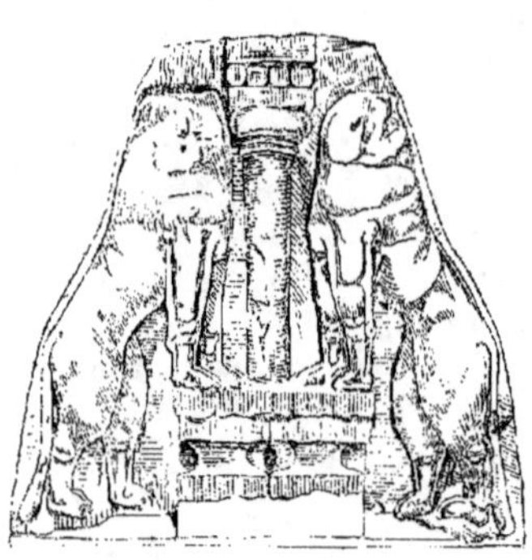

Fig. 10. — Porte de Mycène (entrée principale vers le Sud.)

La principale des deux entrées de l'acropole de Mycènes, située à l'angle nord-ouest de l'enceinte, offre deux jambages surmontés d'un linteau horizontal d'une seule pièce. Au-dessus est pratiquée une sorte de niche triangulaire, dont le fond est occupé par un bas-relief. Il représente au centre une colonne sur un piédestal figurant l'autel du feu, qui porte un bûcher, et de chaque côté de celui-ci, une lionne appuyant les pieds de devant sur le piédestal et ceux de derrière sur le linteau. Conservé, à l'exception des têtes, qui apparemment étaient des pièces détachées en bronze à la manière assyrienne, ce bas-relief peut être considéré comme le plus ancien spécimen de la sculpture monumentale en Europe. Il remonte aux temps héroïques antérieurs à la guerre de Troie (XIIIe s. av. J.-C.) (¹).

1. V. Breton, *Athènes décrite et dessinée.* — Clarke, *Travels in various countries of Europa, and Africa.*—Collignon, *archéologie grecque,* p. 4.—Lubke, *Précis de l'histoire des Beaux-Arts,* traduct. de A. Kœla (Liége, Claesen), t. I, p. 98. — Seemann, *Histoire de l'Art en tableaux,* pl. 16, fig. 3. — Perry, *Catalogue du South-Kensington museum.*

TOMBEAUX.

12. — Les tombeaux importants affectaient extérieurement la forme d'un tumulus ; à l'intérieur d'un tertre régnait un souterrain, qui contenait les restes des défunts accompagnés d'objets précieux, leur ayant appartenu.

Tholos. — Un certain genre de ces monuments des temps héroïques furent appelés improprement des *trésors*, même par Pausanias ; c'étaient de véritables tombeaux ([1]). Ils consistaient en un espace voûté sur plan circulaire, à l'aide d'assises annulaires horizontales de pierres placées en encorbellement ; des terres recouvraient le tout. On a lieu de croire qu'ils avaient une double destination, et servaient aussi à conserver les trésors des morts. Les plus importants qui subsistent, sont ceux de *Mycènes* et d'*Orchomènes*. Voici la disposition du *Tholos d'Atrée* à Mycènes.

Tholos de Mycènes. — Dans la ville basse d'Argos, au-dessous de la citadelle, au milieu d'une enceinte fortifiée, l'on a découvert une construction cyclopéenne remontant sans doute au XIIe ou au XIIIe siècle avant notre ère, et qui est connue sous le nom de *Trésor d'Atrée*, ou de «tombeau d'Agamemnon» (?), un des restes les plus curieux de l'architecture mycénienne. Par une avenue longue de 30 mètres et large de 6, le visiteur accède

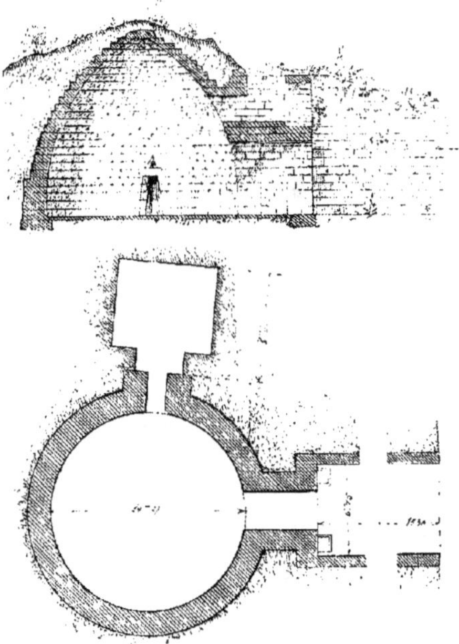

Fig. 11. — Trésor d'Atrée à Mycènes.

1. Leur destination funéraire a été clairement établie par l'ornement de l'un d'eux, situé en Attique, à Menidi. (V. *Hist. de l'Antiquité*, t. VI, p. 361.)

à une porte surmontée d'un énorme linteau de pierre (¹), et dont le décor très riche comportait des ornements de bronze, des marbres de couleur et des colonnes rehaussées de sculptures et de polychromie remarquable, dont nous reproduisons ci-contre des fragments(²). (Fig. 12.) La porte offre une baie en trapèze, à chambranle appareillé ; son linteau colossal, pesant près de 170 tonnes, est surmonté d'un vide triangulaire, formé par deux pierres arc-boutées en guise de décharge.

Quand on a franchi cette porte, on se trouve dans une grande chambre circulaire, large de 14 mètres, haute de 15 et couverte en forme de coupole surhaussée, au cintre en arc brisé. Elle ne constitue pas une voûte véritable ; ses assises sont appareillées par lits horizontaux en encorbellement l'une sur l'autre. Ses parois, recoupées en forme d'intrados de voûte, étaient jadis somptueusement revêtues de plaques de métal, comme l'attestent les nombreux pitons de bronze scellés dans la pierre, dont elles se voient encore criblées (3).

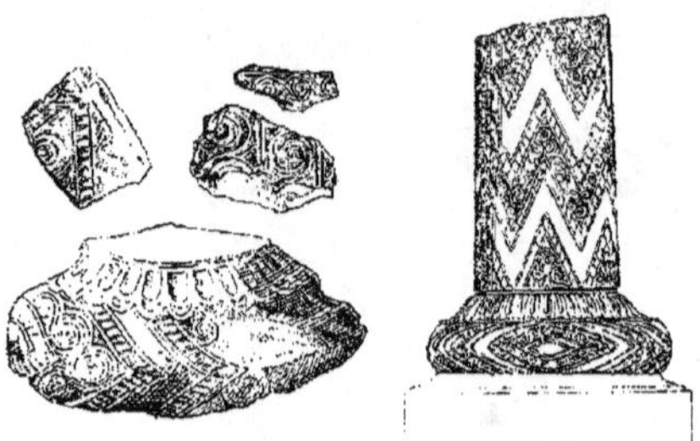

Fig. 12. — Fragments d'une colonne.

Un gouverneur turc, Veli-Pacha, la dépouilla de ses ornements.

Dans une direction à angle droit sur l'axe de l'entrée s'ouvre une porte plus petite, qui donne accès dans une chambre creusée dans la roche, et qui servait de tombeau proprement dit. La coupole a pu servir de trésor ; les Grecs ne pouvaient choisir meilleur lieu pour y déposer des objets précieux, rien n'étant chez eux plus inviolable que les tombeaux.

On connaît à Mycènes jusqu'à cinq édifices analogues. Celui de Minyas, à Orchomène, bâti en marbre blanc, était construit de la même manière que le trésor de Mycènes (⁴).

1. Ce linteau ne mesure pas moins de 8,15 × 6,30 × 1,22.
2. Perrot et Chipiez, *L'art antique*, t. V (art mycénien).
3. *Hist. de l'Antiquité*, t. VI, pl. V.
4. V. Lenormant, *Les Antiquités de Mycènes* dans la *Gazette des Beaux-Arts*, février-avril 1879.

Des pyramides, dont il reste des débris près d'Épidaure et d'Argos, les monuments que nous venons de décrire, et surtout les débris de décoration qui ont été transportés de Mycènes au musée britannique, tout démontre quel lien étroit unissait l'ancien art de la Grèce à l'art oriental.

13. *Palais.* — A l'intérieur des acropoles on a trouvé les vestiges des habitations du chef et de ses hommes, comportant comme logis principal le *mégaron*, formé d'une grande salle rectangulaire ayant au centre un foyer circulaire, et précédé d'un vestibule abritant les portes.

On franchissait deux degrés sous un portique à antes, à deux colonnes de bois ; une ou trois doubles portes donnaient accès dans le *prodomos*, et de là, par une baie voilée d'un rideau, dans le mégaron proprement dit. Autour du foyer qui en occupait le centre, s'élevaient quatre colonnes supportant le plafond.

D'autres logis et le gynécée (appartement des femmes) étaient situés dans le voisinage.

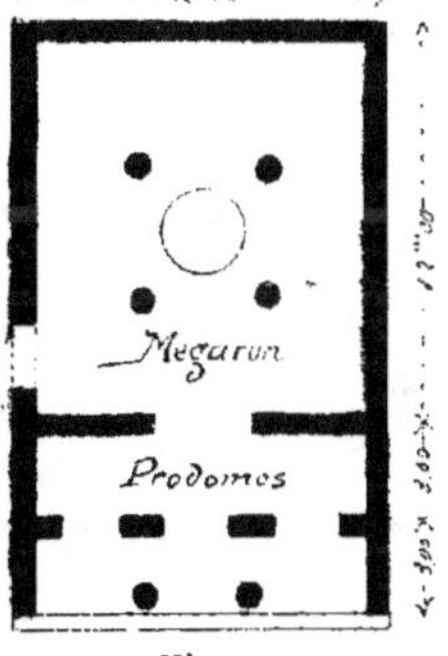

Fig. 13.
Palais pélasgique.
(Plan.)

Les murs étaient couverts de crépi orné de peintures. Une enceinte particulière enveloppait l'ensemble de ces bâtiments.

Des dispositions analogues d'acropoles et de palais ont été retrouvées par Schlieman et M. Dœrpfeld à Troie, à Tirynthe, à Mycènes.

D'autre part, Homère et d'autres auteurs grecs ont parlé des palais des princes antiques de la Grèce, notamment de ceux d'Ulysse, de Ménélas, de Priam, d'Alcinoüs. D'après ce qu'ils en rapportent, Canina, H. Rumpf, Lechevalier, et en dernier lieu M. Ch. Lucas (1) se sont tour à tour efforcés d'en faire des restitutions plus ou moins hypothétiques.

Ces palais, contemporains de la prise de Troie, qui a eu lieu, selon M. Lenormant, l'an 1023 avant J.-C., comprenaient trois corps de logis distincts :

Le premier était consacré au *service*, et comprenait cours, étables,

---

1. Ch. Lucas, architecte, *Le palais d'Ulysse, à Ithaque*, Paris, Ducher, 1881.

écuries, remises pour voitures, chars de combat, logement du personnel, le tout rangé autour d'une cour de service.

Plus loin s'ouvrait la *cour d'honneur*, au centre de laquelle s'élevait un autel à Jupiter, le protecteur des cours ; cette cour était bordée d'un portique, au fond duquel s'ouvraient différentes pièces, comprenant le logis des hommes. Puis venait la pièce principale, très vaste, servant de *salle de réunion* pour les hommes ; elle était éclairée sur le côté, et son plafond était supporté par deux rangs de colonnes.

La troisième partie était le *gynécée*, réservé aux femmes. Dans une salle centrale, au plafond porté par des colonnes, débouchaient les autres pièces : salle à coucher, salle commune, salle de bains, etc.

Les deux corps de logis, celui des hommes et celui des femmes, étaient surmontés d'un étage. Le tout était entouré d'une enceinte, construite en pierre chez les puissants, avec un couronnement crénelé, en bois, dans les palais plus modestes. Entre le palais et son enceinte régnait un espace d'étendue variable, occupé par des jardins et des vergers.

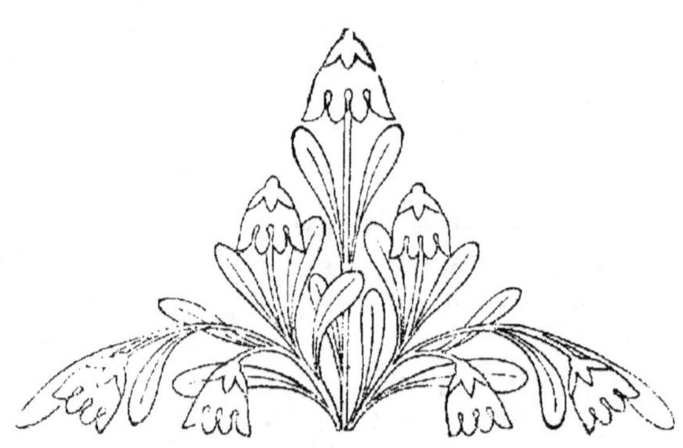

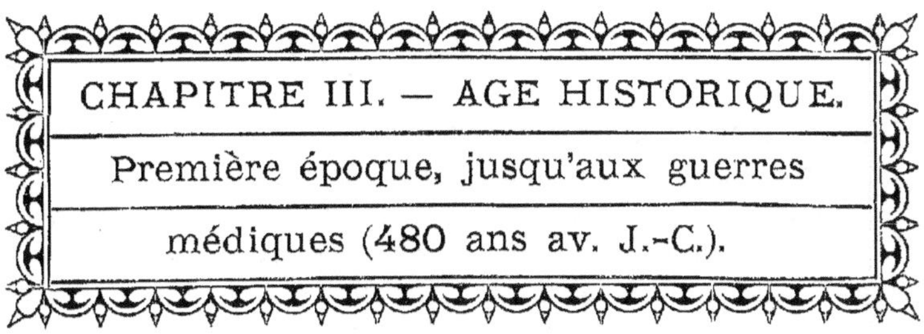

LES ORDRES GRECS.

14. — Après les invasions doriennes, le génie grec tend à créer un type d'architecture qui lui est propre. C'est par la constitution des *ordres* qu'il affirme son style ; par le principe des *proportions*, il donne à son architecture un caractère de beauté jusqu'alors inconnu ([1]).

Les ordres lapidaires ne se sont constitués qu'au commencement du VIe siècle. Avant cette époque, on rencontrait, selon M. Chipiez :

1º Le temple métallique, ou revêtu d'airain.

2º Le temple de bois, agrandissement de la cabane.

3º Le temple mixte, de pierre et de bois.

4º Le temple en forme d'hypogée.

5º Le temple en forme d'enceinte en pierre.

A ces types rudimentaires succède le temple entièrement en pierre.

15. *Doriens, Ioniens.* — Le véritable développement de l'art grec commence donc à l'invasion des Doriens dans le Péloponèse, 1190 ans avant J.-C.

Les habitants primitifs de la Grèce étaient, nous l'avons dit, venus de l'Orient, sans doute de l'Inde, passant par l'Asie Mineure, où ils avaient fondé des colonies à Éphèse, à Milet, à Samos, etc.; c'étaient des Ioniens.

Les Doriens formaient l'arrière-garde de la seconde invasion indopélasgique. Arrêtés au pied du mont Caucase, ils pénétrèrent en Grèce par le Nord, en longeant les rives du Pont-Euxin.

C'est de cette invasion dorienne que date l'art grec pur et dégagé des traditions asiatiques.

---

1. V. Beulé, *Architecture du siècle de Pisistrate*, dans la *Revue générale de l'architecture*, année 1857-1858. — Ern. Wagner et G. Kachel, *Die Grundformen der antiken classiken Baukunst*, 1869.

Elle mit en présence deux populations appartenant à la même race asiatique. Les Doriens étaient un peuple guerrier et rude; les Ioniens, au contraire, étaient doux, paisibles, heureusement doués pour les arts. De là le caractère des deux architectures sœurs, qui se sont complétées mutuellement. C'est par une action réciproque des deux peuples et par l'échange de leurs idées, que l'on peut expliquer les grands progrès accomplis par l'art grec.

Leur architecture, qui était le reflet de leur caractère, acquit des règles fixes dans une certaine mesure. Les changements de proportions ne se produisirent que dans des limites respectant la tradition. Les ordres se perfectionnèrent constamment, mais en restant conformes au modèle initial.

Le plus grand nombre des temples primitifs paraissent avoir été construits en bois ; c'étaient des sortes de *cabanes*. Il ne reste aucun vestige du temple en charpente; mais tel était, on le sait, le temple de Metaponte, et le *Secos* de Posseïdon Hippios, près de Mantinée, qu'Hadrien fit renfermer dans un temple de marbre.

ORDRE DORIQUE.

Dans ses éléments essentiels, et à l'époque de son épanouissement complet, l'ordre dorique se compose des membres suivants.

Le *fût* de la colonne, dénuée de base, posant directement sur le *stylobate* ou soubassement. Il est creusé de 20 *cannelures* à arêtes vives, il affecte sensiblement la forme d'un cône tronqué, appliqué sur un cylindre par sa section la plus large. La colonne offre parfois un renflement ou *entasis*, qui lui donne un aspect non dénué d'élasticité. La colonne se compose d'ailleurs de tambours scellés intérieurement les uns aux autres, et qui étaient le plus souvent achevés sur place avec leurs cannelures.

L'extrémité de la colonne se termine par le *gorgerin*, compris entre une rainure et les *annelets*, qui semblent réunir énergiquement par une ligature les fibres fictives du fût, pour supporter le chapiteau. (V. fig. 14.)

Le *chapiteau* comporte une sorte de coussinet ou échine courbe, surmontée d'un plateau carré, rectangulaire, nommé *tailloir*, qui déborde l'échine.

L'entablement, qui s'appuie sur les colonnes, comprend :

1º *L'architrave* tout unie, composée de blocs lisses, en forme de sommiers accouplés, ayant leur portée franche de colonne en colonne. Au-dessus règne une moulure plate, nommée *bande* ou *taenie*, soulignant la frise.

2º *La frise* est formée par une alternance de *triglyphes* et de *mé-*topes. On nomme *triglyphe* un rectangle en saillie posant sur la bande, décoré d'un système de caneaux entaillés en biseau et au-dessous duquel viennent se fixer 6 petits cônes de marbre, appelés *gouttes*. La *métope* est une plaque de marbre, lisse ou sculptée, qui remplit l'intervalle vide entre les triglyphes.

3º La *corniche* couronne l'entablement. Sa partie essentielle est le *larmier*, qui s'avance sous une légère inclinaison au-dessus de la frise, et favorise l'égouttement des eaux. Son plafond est garni de *mutules*, larges tables appliquées sous le larmier, avec la même inclinaison, et ornées de trois rangées de petits cônes tronqués, au nombre de cinq pour chaque rang, qu'on appelle *gouttes*. Au-

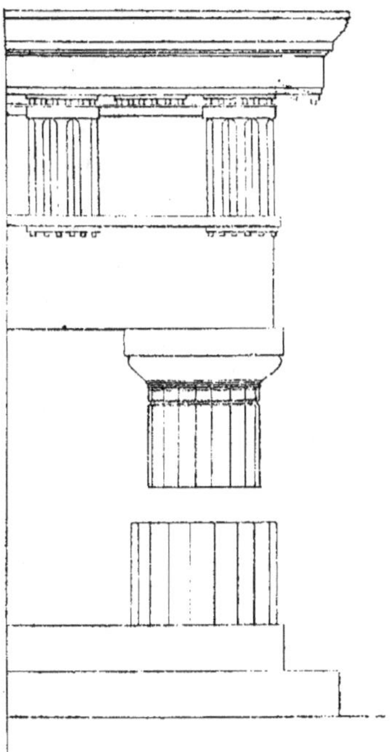

Fig. 14. — Ordre dorique.

dessus du larmier court la *cymaise*, moulure au profil onduleux.

L'entablement est couronné par un *fronton*, sorte de pignon très obtus, dans les façades d'about des temples. (V. fig. 17.)

16. — Par quel travail le temple grec, avec son ordonnance régulière, s'est-il développé ? Plusieurs systèmes ont été émis à ce sujet. Le plus ancien est celui de Vitruve, dont le principe est encore accepté aujourd'hui; admis par Hittorf, Beulé, Ch. Blanc, il est encore soutenu en ce moment par MM. Dieulafoy et Choisy,

quoiqu'il ait été combattu par Viollet-le-Duc, Hübsch et L. Reynaud, et le soit encore présentement par M. Chipiez.

Ce système reconnaît dans l'imitation de la *cabane* l'explication des divers membres d'architecture qui constituent le temple grec.

La *colonne* est implantée directement dans le sol, comme le fût d'un chêne, ou du moins comme un poteau de bois. La diminution du *fût* rappelle celle qui est naturelle à un arbre ; les cannelures à arêtes vives, imitent, selon Vitruve, son écorce rugueuse, ou du moins sa structure fibreuse ; MM. Perrot et Chipiez y trouvent l'ornement naturel produit par le travail du charpentier, travaillant à la gouge; Viollet-le-Duc, au contraire, estime que la cannelure doit avoir résulté du creusement des facettes d'un prisme obtenu par l'épannellement d'un prisme en pierre, creusement destiné à rendre la vivacité à des arêtes trop peu marquées.

L'entablement rappelle par ses rares ornements tous les détails d'un système de sommiers supportant un chevronnage et couronné d'une corniche en bois.

Dans l'hypothèse de Vitruve, l'*abaque* est un plateau interposé entre la colonne et l'architrave ; la *bande* de l'architrave est un souvenir de la planche qui réunissait les poutres jumelles pour donner bonne assiette aux solives ; les *triglyphes* figurent les bouts de solives, et leurs canaux, les intervalles, garnis de cire, de lattes clouées sur le bois en contrefil, afin de le protéger contre l'humidité ; la saillie au-dessus de la frise correspond à la sablière, qui recevait les chevrons ; les *mutules* et leurs *gouttes* semblent rappeler des plaques de bronze cloués sur les abouts des chevrons, et formant couvre-joint ; la direction inclinée de ces mutules et du plafond du larmier,

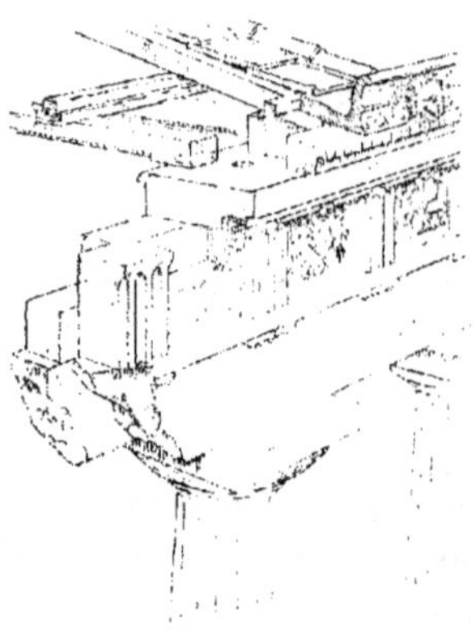

Fig. 15. — Structure de l'ordre dorique.

vient confirmer à merveille cette hypothèse, c'est la pente même des chevrons ; le bandeau du larmier, dans tous ses détails, reproduit le plus fidèlement enfin la disposition d'une planche reliant en façade les bouts de chevrons, et servant d'appui à la cymaise.

MM. Perrot et Chipiez ([1]) expliquent d'une manière ingénieuse les gouttes et le chapiteau des triglyphes. Ces ornements seraient des vestiges des curieuses combinaisons, adoptées par les charpentiers qui ont construit les portiques mycéniens en bois. Ils auraient décoré la frise de plaques en albâtre, formées de pièces alternant avec les tripglyphes. A l'endroit de ceux-ci figurent des pièces assemblées de manière à maintenir les autres; elles auraient été elles-mêmes assujetties, au-dessus, par l'emboîtement d'une doublure fixée à l'about

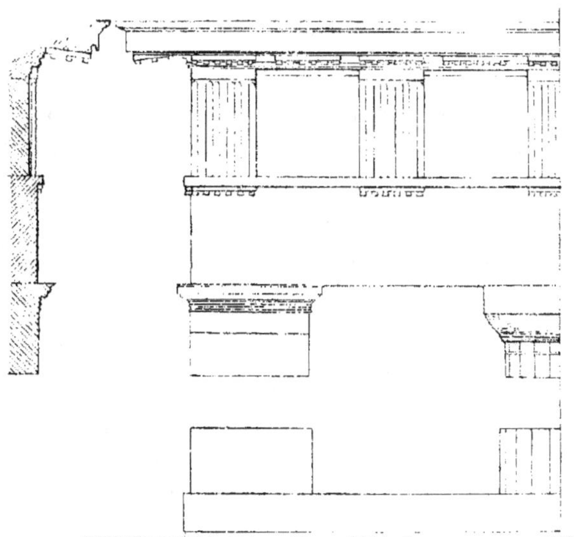

Fig. 16. — Ordre dorique, ante, colonne et entablement.

d'une solive, que rappelle encore le chapiteau du triglyphe ; et au-dessous par une sorte de rateau de chevilles adapté au listel, et dont la tradition persiste sous la forme de gouttes.

Les découvertes de Schlieman à Hissarlik, à Tirynthe et à Mycènes ont montré, selon M. Ch. Chipiez, que toutes les formes de l'architecture dorique existaient avec un caractère national dans les édifices de ces antiques cités. C'est, en effet, le frontispice des palais préhomériques que les Grecs auraient imité, ou même copié

1. *Histoire de l'art de l'antiquité*, t. VI, p. 714.

plus tard dans les temples doriques. Avec des proportions différentes, l'entablement du plus ancien de ces temples reproduirait, membre pour membre, forme pour forme, l'entablement en bois des palais mycéniens ([1]).

D'après Vitruve, les Grecs voyaient dans le dorique un *ordre masculin*, parce que rien n'y est sacrifié à la grâce ; les ornements sont sobres, les formes, vigoureuses ; il représente la force et la simplicité.

ORDRE IONIQUE ([2]).

17. — Dans sa forme canonique cet ordre est l'ordre national des Ioniens ; il a régné surtout sur les côtes de l'Asie Mineure.

Les Ioniens ont fait disparaître de l'ordre dorique tous les indices de force ou du moins de rudesse, pour les remplacer par des traits élégants. Leur ordre était constitué au VIe siècle, et a régné surtout au IVe.

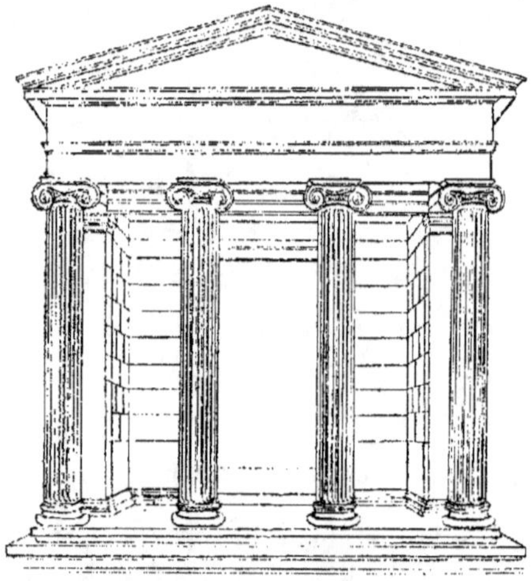

Au *fût* ils ont adapté une *base* élastique, dénuée de plinthe, et formée de deux tores séparés par une *scotie*. Dans l'Asie Mineure toutefois, la plinthe existe, le tore inférieur fait défaut, et la scotie est partagée en deux par une double baguette.

Fig. 17. — Temple de l'Ilissus à Athènes.

Le *chapiteau* se compose d'une échine très diminuée, ornée d'oves et de perles, à demi cachée par des volutes s'enroulant latéralement. Le tailloir est très mince.

On donne de l'emploi des volutes pour le chapiteau, une explication très plausible ([3]). La table de l'autel primitif grec était munie

1. V. *Académie des Inscriptions et Belles-Lettres*, 1894.
2. *Antiquities of Ionia, published by the Society of Dilettanti*. Londres, 1840.
3. V. Planat, *Encyclopédie d'architecture*.

latéralement de deux rebords destinés à mieux retenir les offrandes.
Cette table était couverte d'une nappe qui débordait latéralement ;
ses bords extrêmes étaient munis de tringlettes. La nappe pouvait
être enroulée, à ses extrémités, et rattachée au bord de la table à
l'aide d'une cordelette nouée à la tringlette.

A la longue, on en est venu à figurer en sculpture la nappe ainsi
enroulée, et à en faire un motif d'ornementation pour l'autel, qui fut
décoré de rouleaux en volutes ;
l'œil de la volute correspondait
à la tringlette. L'autel grec,
avec son support cannelé, n'était
autre qu'une sorte de colonne
trapue, dont la forme devint traditionnelle, et fut plus tard adop-
tée pour le support lapidaire.

Le chapiteau ionique est dé-
pourvu d'astragale ; son joint
avec le fût n'est ni affecté, ni
dissimulé.

L'*architrave* cesse d'être lisse ; elle est décomposée en trois
bandes légèrement en ressaut
l'une sur l'autre, rappelant trois
poutres superposées comme
dans l'entablement en bois des
Perses (¹). Les denticules qui
existent parfois sous le larmier,
font une allusion évidente aux
extrémités de petites solives
presque jointives, comme celles

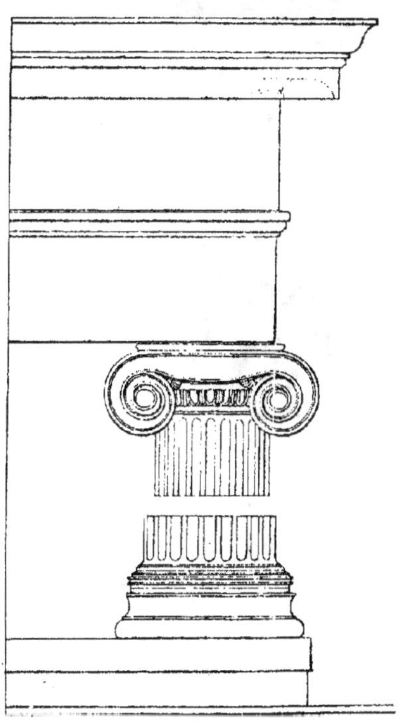

Fig. 18. — Ordre ionique.

qui formaient le plafond des palais de Persépolis (²). La moulure de
l'architrave est ornée de raies de cœur et de perles.

En réalité la zone étroite comprise entre le larmier de l'ordre
ionique (à denticules) et la frise, correspond comme membrure
à la frise dorique, c'est-à-dire, qu'elle comprend l'épaisseur des

<hr>

1. Cette division fait défaut dans notre figure, ainsi que l'ornement sculpté.
2. V. L. Cloquet, *L'art monumental des Indous et des Perses*, p. 68.

solives, dont les têtes sont marquées par les denticules. La frise elle-même est à proprement parler un membre nouveau, le *zoophoron*, espace destiné à recevoir une décoration rehaussée de figures d'animaux (d'où son nom), une ornementation sculptée ou peinte.

La *corniche* se compose d'un larmier tout uni, supporté par une moulure à raies de cœur, couronnée par une rangée d'oves.

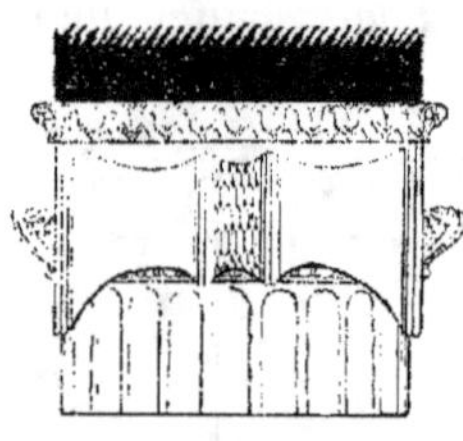

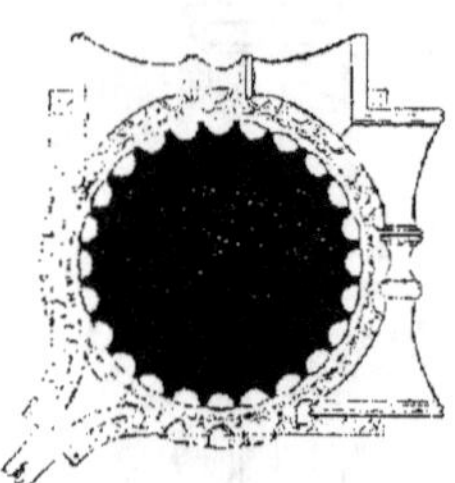

Fig. 19.— Chapiteau ionique angulaire.

Vitruve voit dans l'ionique un ordre *féminin*. « Des colons d'Athènes envoyés en Asie Mineure, dit-il, ne sachant quelle proportion donner à la colonne dorique, prirent pour sa largeur la mesure du pied de l'homme, qui est un sixième de sa taille. Puis, voulant élever un temple à Diane, ils cherchèrent quelque nouvelle manière qui fût belle par la même méthode ; ils imitèrent la délicatesse du corps de la femme. Ils élancèrent la colonne, lui donnèrent une base en forme de cordes entortillées pour imiter la chaussure, et taillèrent des volutes aux chapiteaux pour représenter cette partie de cheveux qui pend à droite et à gauche. Les cannelures figuraient les draperies plissées de la robe.»

Cette hypothèse est puérile. Il n'en est pas moins vrai que l'ordre ionique offre des formes plus élancées que le dorique, une plus délicate et plus riche parure, des lignes plus souples. Il est vrai aussi qu'on trouve cet ordre appliqué aux temples des déesses, à ceux de Vénus et de Diane. Quoi qu'il en soit, c'est un type aussi remarquable que le premier par ce qu'il veut exprimer.

ORDRE CORINTHIEN.

18. — Le dernier en date des trois ordres est le corinthien.

Le chapiteau se compose d'un *calathos*, sorte de corbeille autour de laquelle s'appliquent de hautes feuilles d'*acanthe* en deux rangées; des feuilles en volutes se rejoignent deux à deux aux angles d'un tailloir, plus mince que dans le chapiteau dorique, dessinant en plan des contours curvilignes concaves.

Il est devenu banal, mais il est toujours classique, de rappeler la
légende par laquelle les Grecs expliquaient
l'origine de cet ordre. Une jeune fille de
Corinthe étant morte, sa nourrice avait posé
sur sa tombe une corbeille recouverte d'une
tuile et contenant les objets favoris de la
morte ; au printemps suivant la corbeille,
entourée des feuilles d'une acanthe qui avait
poussé là (fig. 20), inspira au sculpteur
Callimaque l'idée du chapiteau corinthien.

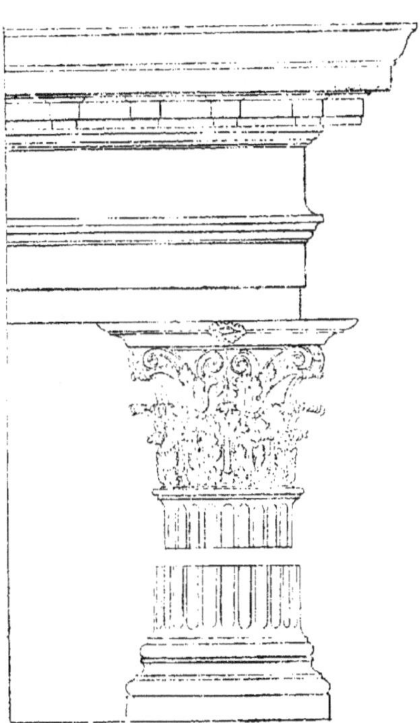

Fig. 20.

Comme Callimaque était fondeur d'airain,
on croit que le chapiteau corinthien, ima-
giné par lui, était métallique. La forme des feuilles s'accorde sin-
gulièrement avec cette hypo-
thèse. Les orfèvres du XIIe
et du XIIIe siècle ont été ra-
menés tout naturellement à
produire en métal un type
presqu'identique ([1]).

Le chapiteau corinthien fut
surtout en honneur à l'époque
de la décadence, époque mar-
quée par un goût exagéré de
l'ornement. Cependant, il avait
déjà été essayé bien antérieu-
rement. Bien avant Callimaque
(440-437), on le trouve en Morée, à Coron et à Bassée,
dans un temple d'Apollon ; au
milieu d'une colonnade ionique, ce chapiteau corinthien
occupe le centre, devant l'i-
mage de la divinité.

Mais ce n'est que longtemps
après, que l'ordre corinthien
fut entièrement constitué. L'or-

Fig. 21. — Ordre corinthien.

1. Exemple : les chapiteaux des châsses du XIIIe siècle à la cathédrale de Tournai.

dre complet date d'Alexandre et se montre pour la première fois dans le monument de Lysicrate, que nous décrirons plus loin. Cet ordre reçut son développement le plus complet sous la domination romaine.

L'ordre corinthien représente l'*élégance* et la *richesse*: dans le système de Vitruve il a les qualités esthétiques de la jeune fille.

CARIATIDES.

19. — Nous lisons dans Vitruve : « si, sous les corbeaux et les corniches, au lieu de colonnes, l'architecte met des statues de

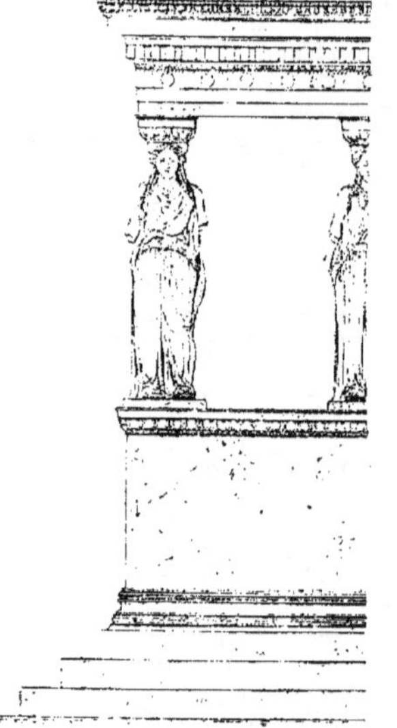

Fig. 22.—Tribune de l'Erechtéon.

marbre en forme de femmes honnêtement vêtues que l'on appelle Cariatides, il pourra apprendre à ceux qui ignorent pourquoi cela se fait ainsi, que les habitants de Carie, qui est une ville de Péloponèse, se joignirent autrefois avec les Perses qui faisaient la guerre aux autres peuples de la Grèce, et que, les Grecs ayant par leurs victoires glorieusement mis fin à cette guerre, la déclarèrent ensuite aux Cariates ; que leur ville ayant été prise et ruinée, et tous les hommes mis au fil de l'épée, les femmes furent emmenées captives, et que pour les traiter avec plus d'ignominie, on ne permit pas aux dames de qualité de quitter leurs robes accoutumées, ni aucun de leurs ornements, afin que non seulement elles fussent une fois menées en triomphe, mais qu'elles eussent la honte de s'y voir en quelque façon mener toute leur vie, paraissant toujours au même état qu'elles étaient le jour du triomphe, et qu'ainsi elles portassent la peine que leur ville avait méritée. Or pour laisser un exemple cruel de la punition que l'on avait fait souffrir aux Cariates et pour apprendre à la postérité quel avait été leur châtiment, les architectes

de ce temps-là mircnt au lieu de colonnes ces sortes de statues aux
édifices publics (¹). »

Et Vitruve ajoute, que des statues d'hommes, *Atlantes, Télamones*
ou *Persiques*, d'un portique construit à Lacédémone après les victoires des Grecs sur les Perses, avaient une origine analogue, et qu'il
y a encore plusieurs histoires de cette nature « dont il est nécessaire
que l'architecte ait connaissance ».

Les origines des cariatides du portique de l'Érechtheion
d'Athènes et des Persiques du portique élevé à Sparte ont été plus
d'une fois discutées (²). Quoi qu'il en soit, ces statues offrent le plus
bel exemple connu de support anthropomorphe.

VALEUR DES ORDRES GRECS.

20.— Avant d'aborder l'étude historique des monuments helléniques, il ne sera pas hors de propos de citer ici le jugement d'un
critique éminent, à propos de l'ordre dorique, tel que nous l'ont fait
connaître les découvertes modernes.

Celles-ci nous ont révélé le majestueux et rude ordre dorique,
mais, dit L. Vitet (³), « que d'hésitations, que de tâtonnements avant
d'en venir là ! Ce proéminent chapiteau, ombrageant de son vaste
tailloir un coussinet rustique, au galbe épais, fuyant et aplati, ces
cannelures, ce fût conique descendant jusqu'au sol sans base ni
talon, sans cothurne ni sandales, depuis quand sentons-nous que
c'est là de l'art grec et la vraie beauté ? L'ordre dorique promulgué
par Vitruve, tel que sur sa parole on l'enseigne en Europe depuis
près de trois siècles, a-t-il la moindre ressemblance avec celui-là ?
Support banal, maigre colonne, chapiteau froid et effacé, tailloir
timide et sans saillie, traduction romaine, en un mot, d'un admirable texte grec, tout est amoindri, tronqué, défiguré dans le dorique
de Vitruve, et pourtant, quand Vitruve écrivait, les grands modèles
étaient debout ! C'est que la Grèce était inconnue à l'architecte
romain ; du moins, il n'en parle pas. »

<hr>

1. *Les dix livres d'Architecture de Vitruve*, corrigez et traduits nouvellement en fran-
çois, avec des notes et des figures. Livre I, p. 5. Paris, dem.-fol., 1673, J.-B. Coignard.

2. V. Ch. Chipiez, *ouv. cité*, et Ch. Daremberg et Saglio, *Dictionnaire des Antiquités
grecques et romaines*, 6ᵉ fasc., p. 929, article « CARYATIDES ». Paris. Hachette, 1879.

3. V. Vitet, *Étude sur l'histoire de l'art, Pindare et l'art grec*, 1886, t. I, p. 7.

La Grèce fermée à l'Europe savante depuis le désastre de 1453, était restée inconnue aussi aux artistes de la Renaissance, nos maîtres en art classique. Depuis la fin du siècle dernier, elle a ouvert les sources de la véritable antiquité à l'archéologie moderne.

« Alors on a pu voir, dit l'*Émulation*, organe de la Société centrale des architectes belges, où était le *summum*, où étaient les primitifs ; on a pu désigner l'époque de l'apogée et celle de la décadence.

« On a pu voir, à l'apogée, un art raffiné et arrivé aux derniers sommets de la perfection, alliant l'élégance à la force, la finesse à la grandeur, la réalité à l'idéal.

« Mais on a pu voir également cet art plein d'imprévu et de naturel, qui savait faire plier la forme à un rationalisme intelligent, tomber, à l'époque de la décadence, dans un monde de prescriptions mesquines, où de nobles et sages préceptes semblent comme enfouis.

« Ce sont ces prescriptions que Vitruve nous a conservées ; ce sont ces préceptes que depuis trois siècles on nous donne comme l'A, B, C de notre art ! »

M. Laloux, dans son *Architecture grecque*, réagit également contre ces errements du passé.

L'emploi général et exclusif de la colonnade aux façades d'édifices donne d'autre part à l'art grec une monotonie incontestable. Chez les Romains, nous verrons que chaque édifice avait un caractère mieux défini. La différence est radicale, entre les basiliques et le Panthéon, entre un temple et un amphithéâtre. Chez les Grecs, on voit des citadelles ressembler à s'y méprendre à des temples.

21. *Les Proportions.* — Un défaut notable des ordres greco-romains en général, c'est que leurs proportions ne varient que peu avec la grandeur absolue des édifices. L'amour pour les proportions était poussé si loin, que les degrés mêmes des temples colossaux étaient élevés en proportion, en dépit de l'envergure invariable du pas moyen de l'homme. Il est arrivé, que si ces degrés ne pouvaient plus être franchis d'une enjambée, l'architecte intercalait entr'eux de petits escaliers partiels. Il résultait de cette fixité relative de proportions, qu'à distance on ne se faisait aucune idée de la grandeur réelle d'un monument. En cela les Grecs eux-mêmes ont failli aux lois de la logique.

Toutefois les proportions de l'architecture grecque ne sont pas aussi simples qu'on l'a cru longtemps ([1]). Elles résultent d'un système de règles canoniques, dont le rôle, encore imparfaitement connu, est complexe. Il avait pour base l'emploi d'une mesure nommée *module*, ou plutôt de plusieurs genres de modules, variant, non seulement selon les ordres, mais encore selon les diverses applications des ordres à des édifices déterminés. Dans un même monument, les Grecs faisaient usage d'un module *principal*, fixant les grandes lignes ; de modules *correctifs*, modifiant les proportions typiques suivant les dimensions ; et de modules *auxiliaires*, servant à déterminer les *symétries* des différents membres d'architecture. Ce mécanisme résulte de l'étude du traité de Vitruve, mais ne peut plus être vérifié sur les monuments ([2]).

22. — *La colonne.* C'est le moment de rappeler les observations que nous avons faites sur la colonne, en étudiant l'architecture des Égyptiens, des Assyriens et des Perses.

Les colonnes *égyptiennes* dérivaient en grande partie de l'architecture légère en bois; les figurations sculpturales le prouvent. Le chapiteau y est la terminaison décorative de la colonne; il ne s'évase que pour se rétrécir sous la charge.

Dans les colonnes *assyriennes* et *perses*, le chapiteau a un but plus constructif ; il est posé sur le fût

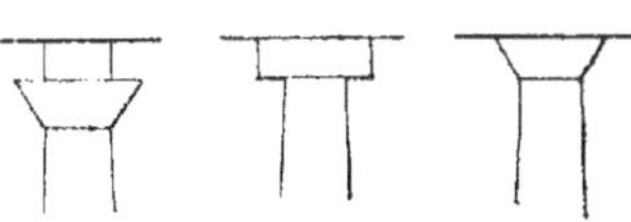

Fig. 23.
Schéma de diverses colonnes.

comme un prisme quadrangulaire sur un cylindre, comme une semelle sous une poutre de bois.

Les *Grecs* en sont venus à placer un tronc de cône renversé avec *abaque* au-dessus du fût, directement sous la charge. Le chapiteau *dorique* est *évasé* comme le type campanaire de Karnak, mais placé directement sous l'architrave; le fût est cannelé comme celui des plus

1. V. G. Chipiez, *Histoire des origines de la formation des ordres grecs.* In-4°, Paris, 1876.
2. V. G. Chipiez, *Le système modulaire et les proportions dans l'architecture grecque,* Paris, 1892. (*Revue archéologique* de Bertrand et Perrot, janvier-février 1892.)
Forest, *Des proportions de l'architecture grecque.* Paris, 1891.
A. Soigny, *Histoire des ordres dans l'architecture.* In-4°, Paris.
V. Dans la *Gazette de l'architecte,* Aurès, *Le temple du Parthénon au point de vue des proportions,* 1869-71. —V. Ibid., *Finesse des profils grecs,* 1864, p. 8.

anciennes colonnes égyptiennes. L'Égypte a fourni à la Grèce l'idée de colonnes trapues et peu espacées. Les Phéniciens ont été les intermédiaires entre les Égyptiens et les Grecs ; on reconnaît dans leurs propres colonnes les formes rudimentaires des chapiteaux doriques, et la *volute* commune à la Grèce et à la Perse (¹).

En exposant l'économie des formes *doriques*, nous nous sommes servis de l'hypothèse émise d'abord par Vitruve. Faut-il l'admettre comme théorie, ou comme vérité historique ? Les savants discutent à ce sujet.

ORIGINE DES ORDRES GRECS.

23. — *Théorie de M. Chipiez.* M. Chipiez a écrit un volume (²) pour démontrer, que l'ordre dorique ne dérive pas de la *cabane*.

Il analyse les constructions en bois des populations de la Grèce et de l'Asie-Mineure, et s'attache à établir, qu'aucun de leurs types usuels, le *prodomos*, le *pteroma* ni la *cabane* proprement dite n'a pu inspirer la construction du temple grec.

Sa théorie est aussi curieuse que nouvelle.

Ce qui domine dans la mythologie grecque, observe-t-il, c'est une série de légendes ayant trait à des personnages tout à fait idéaux, et personnifiant le *ciel* et les *nuages*. Les temples grecs offraient dans leurs frontons d'importantes représentations de ces mythes, et ceux-ci étaient symboliquement rappelés dans tout l'entablement, qui prend une signification « inattendue et puissante ».

Le *larmier* supporte la *région céleste ;* c'est la ligne séparative du ciel et de la terre.

A ce sol foulé par les immortels s'attachent les *mutules,* qui représentent avec une énergie toute dorienne les *nuages supérieurs* suspendus dans l'éther.

Les *gouttes* en figurent les eaux.

Les réservoirs se *penchent* vers la *Terre ;* de là l'inclinaison des mutules.

Plus bas les *métopes,* dans leurs sculptures, nous font assister au

---

1. V. M. Choisy, *Gazette archéologique,* 1877, p. 191.
2. Ch. Chipiez, *Histoire critique des origines et de la formation des Ordres Grecs.* Paris, Morel, 1876.

combat des *nuages inférieurs* figurés par des *amazones* et des *centaures*, et des *rochers*, qu'amoncellent des *Titans* et des *Lapithes*.

Le résultat de ces combats, ce sont les eaux célestes qui se précipitent sur la Terre et la fécondent ; ses ondes bienfaisantes sont figurées par les *triglyphes* et leurs stries, sortes de *canaux* terminés par des *gouttes*.

Cette théorie nous semble emprunter sa force apparente à des jeux de mots et à des fictions poétiques, plutôt qu'à des raisonnements rigoureux. Nous nous en tiendrons à l'ancienne. Nous admettrons seulement, que si le temple grec n'est pas la fidèle reproduction en pierre de la cabane, c'est une construction lithoïde assez rationnelle, et inspirée directement de la structure propre à la pierre dans ses formes principales, mais dont les formes secondaires et décoratives sont un rappel voulu de l'entablement primitif en grosse charpente de bois.

24. — *Théorie de Viollet-le-Duc.* Avec Hübsch, Viollet-le-Duc repousse l'hypothèse de Vitruve sur l'origine du temple grec, que ce dernier suppose issu de la cabane. Il remarque qu'il n'est pas vraisemblable, que l'on aligne des troncs d'arbres non équarris ; que la forme ronde donnée à des poteaux en bois n'est pas admissible, ne pouvant être produite qu'en passant par la forme équarrie plus convenable(?) ; que l'abaque carré ne peut provenir d'une combinaison de charpentier, la soupoutre, telle qu'on la voit sous les poutres des hypogées de l'Inde, étant la forme voulue à ce point de vue.

Si la forme ronde de la colonne s'explique mal pour le bois, elle est logique pour la pierre. Elle se prête à un transport facile des volumineux tambours taillés dans la carrière. On a retrouvé, dit-il, dans les carrières de Sélimunte en Sicile, la preuve que ces tronçons de colonnes se tiraient ronds directement de la roche et étaient ensuite roulés à pied d'œuvre ([1]). Le fait, que l'architrave est formée de deux cours de sommiers de marbre, Viollet-le-Duc l'explique par la crainte des *fils*, qui pouvaient amener la rupture de la plate bande ; composée de deux pièces, celle-ci a deux chances pour une de résister, et préviendra du moins une chute immédiate.

Il justifie même la saillie en avant des tailloirs du chapiteau

---

1. *Entretiens*, t. I, p. 45.

dorique par l'utilité de réserver des appuis pour la manœuvre des pièces de l'architrave, en dehors de leur assiette sur le chapiteau.

Enfin, la surface inférieure de la saillie de la corniche, avec son inclinaison si caractéristique, n'aurait selon lui d'autre but que de former un larmier, le coupe-larmes n'étant pas encore inventé. Le triglyphe représenterait une sorte de bloc portant charge, un petit support, orné de canaux équivalant comme expression aux cannelures de la colonne.

Une preuve, selon lui, que les triglyphes ne sont pas des bouts de sommier, c'est que les linteaux et dalles qui forment le plafond du temple grec posent non pas sur l'architrave, mais sur la frise.

« Les temples grecs, dit Viollet-le-Duc, sont des monuments de pierre où le système de la plate-bande est développé suivant la raison et suivant le goût : pourquoi ne pas les prendre simplement pour ce qu'ils sont et vouloir que les Grecs, qui ont inventé la logique, des gens doués d'un sentiment délicat, se soient amusés à simuler en pierre une construction de bois, ce qui est en principe une énormité ?»

Cette théorie ne nous convainc pas. Elle prouve, ce que nous admettons, que les Grecs ont interprété sainement, dans la construction en pierre, le système de la plate bande, qui est compatible avec l'emploi du marbre, mais dont ils ont dû emprunter l'idée à la tradition de la charpente. Ils ont logiquement substitué un chapiteau massif avec abaque carré à la soupoutre et reporté au-dessus de la frise l'appui des solives. Ils ont employé les matériaux pierreux dans des formes qui leur étaient appropriées. Mais ils ont reproduit d'imitation d'autres formes consacrées par l'usage, et tirées de la disposition traditionnelle des portiques adossés, sans frontons. Sans cela, comment expliquer la présence de la frise, de nulle utilité dans la construction en pierre ? Quant au profil du larmier, avec sa cymaise ajoutée au-dessus d'un bandeau plat, avec son plafond incliné suivant la direction des chevrons, avec tous ses détails si clairs, il est trop caractéristique, à notre avis, trop expressif, comme imitation de la corniche en bois habillée de planches, pour laisser aucun doute dans l'esprit. A côté de sa signification évidente, les interprétations de l'illustre archéologue nous paraissent spécieuses et forcées, inspirées par la préoccupation de réhabiliter la logique des Grecs.

La théorie de Viollet-le-Duc est d'ailleurs repoussée par les savants actuels les plus versés dans l'art oriental, notamment par M. Dieulafoy, qui, par ses remarquables études poursuivies en Perse et en Asie-Mineure, a pu se pénétrer de l'esprit de l'art de ces régions.

25. — *Théorie de M. Dieulafoy.* D'après cet archéologue, il ne faut pas comparer la charpente primitive des Grecs à un comble conçu d'après nos idées modernes. La charpente grecque, imitée et non copiée dans la décoration des entablements helléniques, était une construction de bois tout autre que la nôtre. Sa force, notamment, réside, non dans les arbalétriers, mais dans les entraits. Le comble incliné terminé par le fronton remplace simplement un matelas de pisé horizontal, une terrasse, qu'offraient les huttes primitives.

Partant de cette hypothèse, et tenant compte de l'influence égyptienne, M. Dieulafoy repousse avec Hittorf les objections faites au principe de la théorie de Vitruve.

D'après lui le temple grec est primitivement un édifice en charpente, exécuté plus tard avec de lourdes colonnes de pierre, dont le principe est emprunté à l'Égypte ; il est couvert d'abord d'un plafond en bois, et d'un comble prismatique externe. De ce dernier type naît le temple dorique, par la substitution d'une charpente de marbre à la « maçonnerie de bois ». Celui-ci à son tour engendre l'ordre ionique par l'addition d'un membre nouveau, nommé *zoophoron*, correspondant à ce que nous appelons la frise. L'équivalent de la frise dorique, dans l'ionique, c'est la zone occupée par les denticules, lesquelles figurent les solives : tandis que la frise lisse qui règne au-dessous, est spécialement destinée à recevoir des figures, et constitue un membre nouveau ([1]).

26. — Voici comment s'exprime à ce sujet M. Choisy ([2]). « Les ordres grecs, où l'on s'accorde à reconnaître une conception si parfaitement raisonnée, ne seraient-ils donc que des pastiches de la charpente ? Les Grecs auraient-ils commis la faute, de transporter dans leurs ouvrages de pierres des formes nées de l'emploi du bois ? »

1. V. *Académie des Inscriptions et Belles-Lettres*, séance de mars 1884.
2. Choisy, *Gaz. arch.*, 1887, p. 191.

On dit : « Les conditions de résistance diffèrent d'une matière à l'autre, le mode d'emploi ne saurait être le même. Le bois comporte des efforts d'extension que la pierre exclut : un comble en charpente a pour organes essentiels des formes composées d'arbalétriers soustendus par des tirants. »

« Là est l'erreur, observe M. Choisy. Un comble antique n'admet pas une seule pièce travaillant à l'extension ; un comble antique est, comme la terrasse persépolitaine, un empilage de poutres portant charge ; l'idée du *tirant* n'existe pas, les pièces agissantes d'un comble grec, comme celles d'une terrasse persépolitaine, sont exclusivement des poutres portantes et non pas des tirants. »

Un comble dorique était donc, suivant l'expression de M. Dieulafoy, en quelque sorte une *maçonnerie en bois*. Qu'y a-t-il d'étrange à en voir les formes transportées dans une maçonnerie en pierre ? Cette remarque concilie tout.

Nous devons conclure de ce qui précède, que le temple grec constitue une appropriation raisonnée et intelligente à la construction en pierre, des formes génériques d'une construction en bois. Les deux genres de matériaux comportent, dans le cas dont il s'agit, un emploi et des formes plus ou moins analogues. Certes nous sommes en présence de formes transposées et quelque peu routinières, mais nullement d'une copie servile.

Quant à l'emploi des différents ordres, il faut remarquer que, sauf aux propylées d'Athènes, deux ordres distincts ne se voient pas dans un même édifice. Le choix qu'on en fait dépend non seulement de l'époque et de la région, mais encore de la nature du monument. Selon Vitruve, le grave style dorique convient à Jupiter, à Mars, à Minerve, l'élégant corinthien, à Vénus, à Flore et autres divinités riantes ; le gracieux ionique, à Junon, à Diane, à Bacchus etc. (¹).

---

1. Vitruve, *De Architectura*, t. II, C. II.

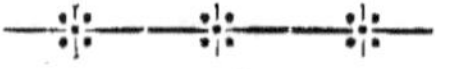

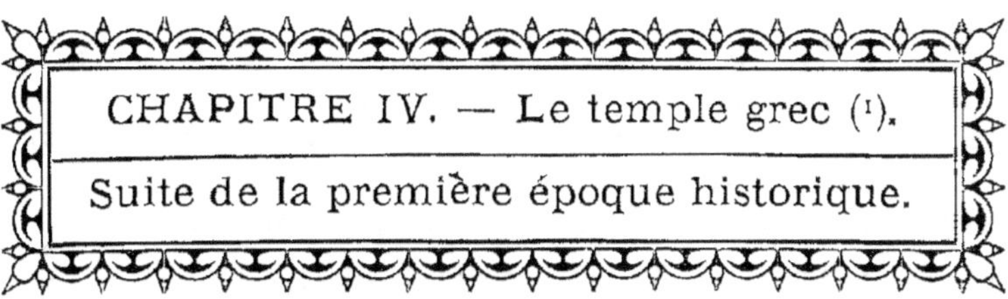

27.—C'est dans l'architecture religieuse, que l'on peut surtout étudier l'emploi des ordres. «Le temple grec, dit M. Collignon (²),est en effet un tout organique, et la plus haute expression de l'art (antique) : les peintres et les sculpteurs concourent à embellir la demeure du dieu, à en faire un ensemble harmonieux, dont l'unité est fondée sur les règles les plus claires. »

De la Grèce proprement dite, la plupart des édifices ont disparu ; on conserve cependant le temple d'*Apollon à Delphes ;* celui du *Jupiter Olympien à Athènes*, qui, commencé par Pisistrate, resta inachevé, que les Romains transformèrent en diptère corinthien, et qui ne fut terminé que sous le règne d'Hadrien ; enfin le second *Parthénon*, qui s'élevait sur l'acropole d'Athènes, avec les *Propylées* et l'*Érechteion*.

Le grand développement de l'art grec a été interrompu par les *guerres médiques*. Tous les monuments furent renversés, surtout ceux de l'Archipel et de l'Asie-Mineure. Parmi les temples disparus on peut citer ceux d'Apollon à Milet, de Minerve à Phocée, de Junon à Samos, et de Diane à Ephèse.

Ce dernier était l'œuvre la plus importante de l'époque, considérée comme une des sept merveilles du monde. Il avait été élevé une première fois avec le concours de Crésus, qui avait fourni les colonnes ; les architectes et artistes étaient tenus de publier des écrits faisant connaître les principes de construction et l'avancement des travaux. Incendié par Erostrate, il fut reconstruit immédiatement et inauguré par Alexandre le Grand passant par l'Asie. Épargné par les Perses, il subsista jusqu'en 259 après J.-C. Il fut détruit de fond en comble par l'invasion des Goths.

DISPOSITIONS GÉNÉRALES DES TEMPLES.

28. — L'*emplacement* des temples, ordinairement isolé, variait avec les divinités auxquelles ils étaient consacrés. Les dieux tutélaires

---

1. Leroy, *Ruines des plus beaux monuments de la Grèce.*
2. *Ouv. cité*, p. 63.

régnaient sur les hauteurs ; les dieux de l'air avaient des temples hypèthres, c'est-à-dire ouverts au sommet ; ceux des eaux résidaient au bord de la mer et des fleuves, Pan, au milieu des prairies et des forêts, Pomone dans les jardins, Cérès dans les champs. On plaçait le sanctuaire de Mercure au forum, celui d'Hercule près du Gymnase, ceux de Mars, de Vénus et de Vulcain, aux portes de la ville, celui d'Esculape sur les sommets écartés, ceux de Jupiter, de Junon et de Minerve sur les points les plus élevés de la cité.

Les temples étaient orientés : l'entrée des temples *doriques* regardait l'Occident, celle des temples *ioniques*, l'Orient.

Les grands temples s'élevaient sur un terrain sacré, circonscrit par un enclos de murs (περιβολος), offrant une seule entrée. Le *péribole* renfermait quelquefois, outre le temple, un bois sacré, une fontaine, des trésors, des statues, des colonnes offrant des inscriptions de traités de paix ou d'alliance, etc.

Le temple proprement dit s'élevait sur une plateforme entourée de trois degrés, et nommée *stylobate*. L'édifice était rectangulaire, allongé ; il offrait d'abord le προναος ou vesti-

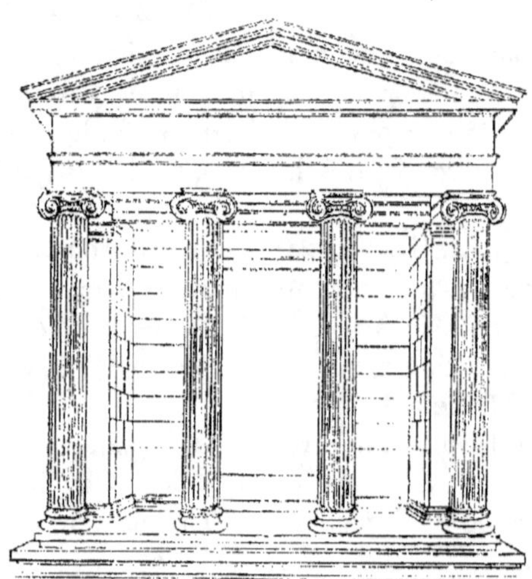

Fig. 24. — Temple de l'Ilissus à Athènes.

bule, puis le ναος, ou nef, dans laquelle s'élevait la statue du dieu. (Fig. 27.) Parfois le temple était divisé transversalement en deux parties ; celle du fond formait le trésor ou οπισθοδομος, où l'on renfermait les trésors dévolus à la divinité et même les finances de l'État. (Fig. 28.)

Un temple se réduisait originairement à un espace rectangulaire servant de sanctuaire et nommé *cella*, précédé d'une terrasse entourée de colonnes, les deux pièces, élevées sur un soubassement de trois degrés. L'*entablement* relie les colonnes au mur de front, et règne autour de l'édifice. L'ensemble est recouvert par un toit à deux pentes, terminé en frontons aux deux petits côtés. Tel était le premier temple dorique (fig. 24).

29. — *Classification*. Des différences existaient dans la disposition des colonnes. Dans les temples les plus anciens, nommés *temples à antes*, les murs latéraux se prolongeaient jusqu'au droit de la colonnade, formant un porche fermé latéralement, ouvert seulement sur le portique. On appelle *antes* les abouts des murs latéraux, se présentant comme un pilier, de front avec les colonnes, et portant avec elles l'entablement. (Fig. 25.)

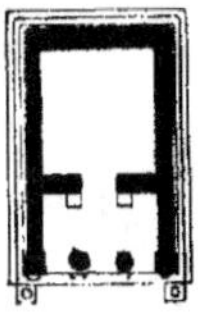

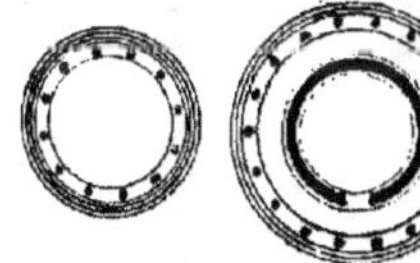

Fig. 25.
Temple à antes.

Plus tard on éleva des temples *prostyles*, dont la cella était précédée d'un portique ouvert de trois côtés. (Fig. 26.)

L'*amphiprostyle* avait un portique semblable sur les faces antérieures et postérieures. (Fig. 27.)

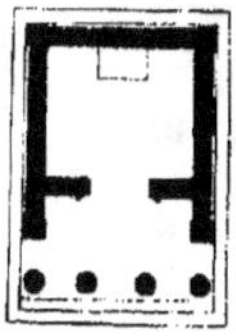

Dans le temple *périptère*, comme le Parthénon, la colonnade se prolonge le long des murs latéraux et fait ainsi le tour de la *cella*. (Fig. 30.) Quand les colonnes sont engagées dans les murs du pourtour, le temple se nomme *pseudo-périptère*. (Fig. 31.)

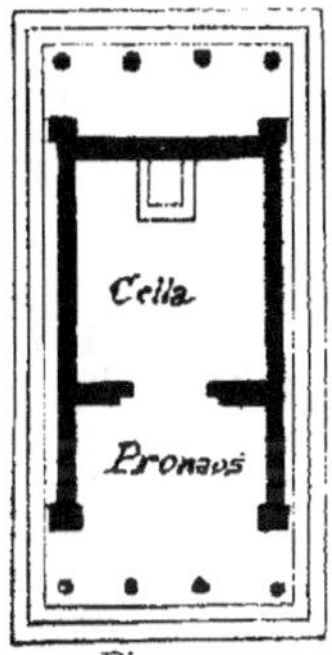

Fig. 26.
Temple prostyle.

Fig. 27.
Temple amphi-prostyle.

Le temple *diptère* offre une *double* colonnade autour de la cella, sans préjudice d'une rangée parfois engagée dans les murs latéraux. (Fig. 32.) Quand il y a autour de la cella des colonnes engagées et une seule rangée de colonnes isolées, le temple s'appelle *pseudo-diptère*. (Fig. 33.)

Le temple *monoptère* est rond, avec une colonnade circulaire portant une charpente ou une coupole, sans mur intérieur ou cella. (Fig. 28.) Cette forme est rare en Grèce. Exceptionnellement aussi il y eut des temples ronds *pseudo-diptères*, où le rang intérieur de colonnes engagées est supprimé. Ils offraient donc une cella ronde entourée d'une colonnade. (Fig. 29.)

Fig. 28.
Temple mo-noptère.

Fig. 29.
Temple rond pseudo-dip-tère.

Le temple ne recevait généralement de jour que par la porte de

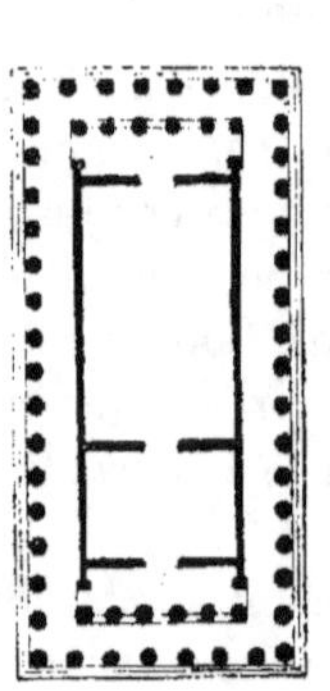

Fig. 30.

Temple périptère.

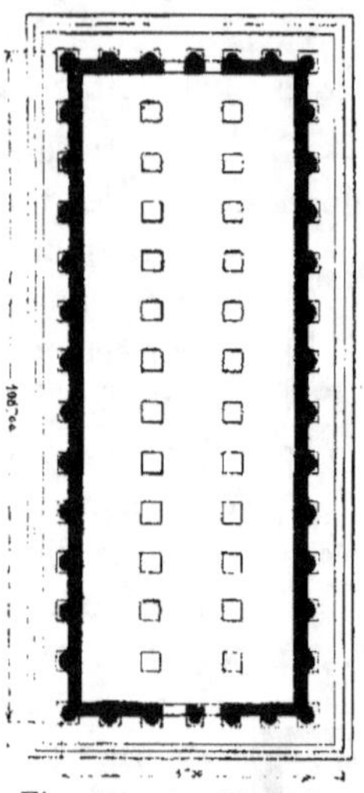

Fig. 31. — Temple
pseudo-périptère.

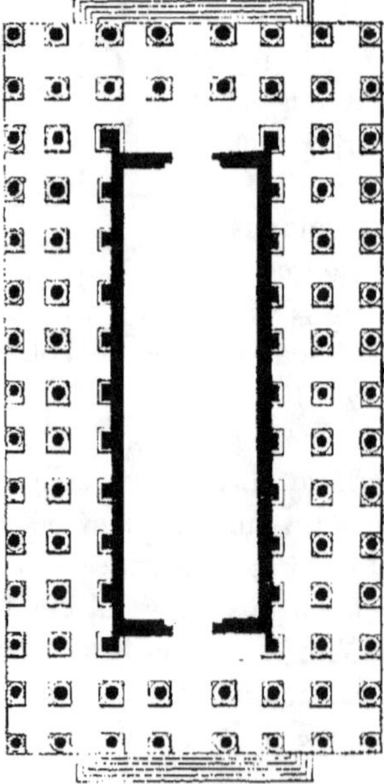

Fig. 32. — Temple diptère,
d'après Vitruve.

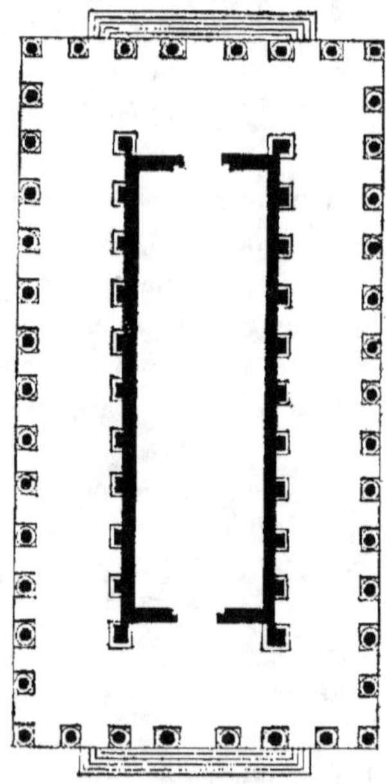

Fig. 33. — Temple pseudo-diptère.

la cella. Toutefois les plus grands temples étaient éclairés par le haut, grâce à des jours ménagés à travers la superstructure. Dans les temples nommés *hypètres*, la cella était partagée en trois nefs par deux rangs de colonnes, et les nefs latérales offraient des galeries d'étage. Comme aucun temple hypètre n'est resté debout, on ne peut se faire de leur dispositif qu'une idée hypothétique, basée sur des textes d'auteurs contemporains de ces monuments, notamment sur une description de Vitruve ; la question est livrée aux disputes des savants. Les uns pensent que la nef du milieu était à découvert. Selon M. Chipiez, l'ouverture était pratiquée au contraire au-dessus des galeries d'étage, et la lumière pénétrait dans la grande nef à travers les entrecolonnements de l'étage.

30. — Une autre classification naît du nombre des colonnes de la façade principale.

Avec quatre colonnes sur la façade, le temple est *tétrastyle*,

avec six	«		«	*hexastyle*,
« huit	«		«	*octostyle*,
« dix	«		«	*décastyle*,
« douze	«		«	*dodécastyle*.

— Si les temples égyptiens n'avaient que des dimensions, les temples des Grecs eurent des *proportions*. Ce qui fait l'originalité de leurs monuments, c'est l'échelle de proportions qu'ils y introduisirent. Toutes les dimensions furent entr'elles dans des rapports simples comme ceux de l'unité et des principales fractions de l'unité, aux nombres. Appliqué à la largeur de l'entrecolonnement, ce principe engendre, selon Vitruve, une troisième classification.

Le temple *pycnostyle* a des entrecolonnements larges exactement de $\frac{3}{2}$ diamètres de la colonne ou 3 *modules*.

Le temple *sistyle* a 4 modules pour entrecolonnement

»	*eustyle*	4½	»	»
»	*diastyle*	6 (¹)	»	»
»	*araeostyle* plus de 6 modules			

---

1. 5, selon M. Chipiez. V. *Le système modulaire et les proportions de l'arch. grecque.* (*Revue archéologique*, d'Alex. Bertrand et Perrot, janvier-février 1892.)

A ces différences correspondent des variations dans la hauteur des colonnes et de l'entablement ; toutes les parties du temple sont soumises au même principe, de sorte qu'on a pu souvent, avec une certitude presque certaine, reconstituer l'ensemble d'un temple à l'aide de quelques débris.

31. — *Murs*. Les murs extérieurs étaient lisses. L'appareil était régulier, à assises égales, à arêtes vives, à joints horizontaux continus et à joints verticaux contrariés. Parfois des moulures, au pied et au couronnement, rappelaient la base et le chapiteau des colonnes. Au-dessus courait une architrave correspondant à celle des colonnes et parfois une frise couverte de sculptures.

Le toit couvrait la partie du temple où se trouvait la statue de la divinité, l'opistodome, et peut-être la *cella* entière. Toutefois il est probable qu'une partie de la cella était souvent à découvert. On en a la certitude pour quelques temples. On discute, nous l'avons dit, sur la manière dont étaient éclairés les temples. La question est surtout intéressante pour les temples *hypètres*. Ceux-ci offraient un second étage de colonnes ; il est possible que l'éclairage était ménagé latéralement par cette galerie ; peut-être au contraire la partie centrale était-elle découverte.

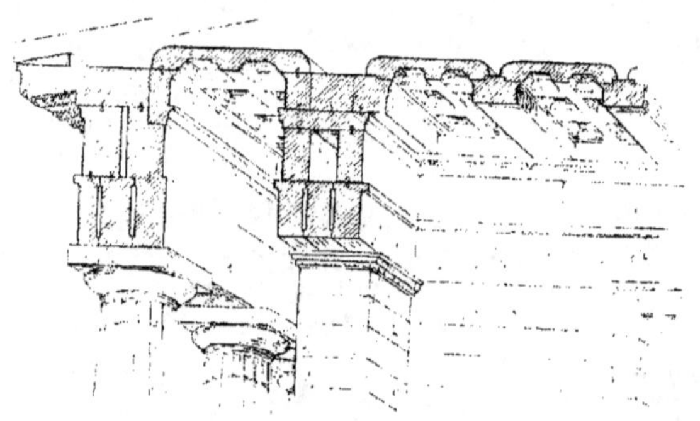

Fig. 34. — Coupe à travers les plafonds du portique et de la cella.

32. — *Superstructure*. Les portiques régnant au pourtour de l'édifice entre les colonnes et l'intérieur de la cella, et la cella elle-même, étaient recouverts par un plafond à caissons, carrés ou

losangés, évidemment inspirés des plafonds primitifs en charpente. Voici quelle était leur disposition. Des poutres en marbre portant d'un mur à l'autre et reliées par d'autres qui s'y emboîtaient, laissaient entr'elles des espaces vides nommés *caissons*, à cause de leur forme rappelant une caisse. De grandes dalles por-tées sur ces poutres, étaient percées d'ouvertures carrées, qu'on ornait sur l'arête de moulures et dans lesquelles on posait, parfois en batées, des pierres carrées plus petites ; le fond offrait des sculptures entaillées dans le marbre, ou rapportées en bronze : c'étaient ordinairement des rosaces, parfois des masques ; les roses se détachaient habituellement en *or* sur fond *bleu*. (V. fig. 34.)

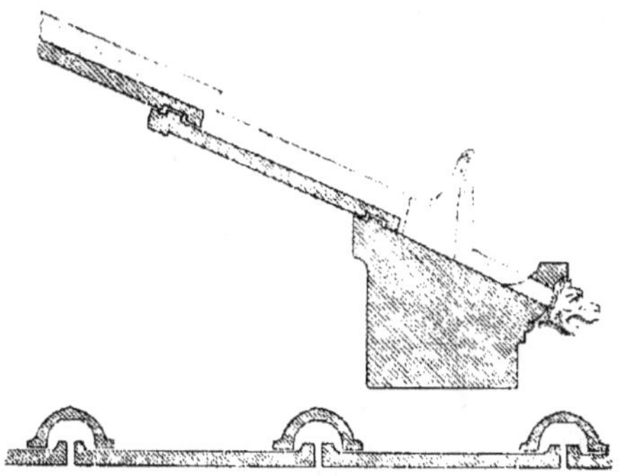

Fig. 35. — Coupe verticale.

Fig. 36. — Coupe horizontale.

La cella et le péristyle étaient abrités sous une seule *charpente* en bois à deux versants. La *couverture* était formée de tuiles en *terre-cuite*, en *marbre* ou en *bronze*. Elles étaient de deux sortes : les tuiles *plates à rebords*, et les tuiles *creuses couvre-joints* ([1]). Ces dernières couvraient le joint descendant continu. Les premières se recouvraient l'une l'autre suivant des lignes horizontales. (V. fig. 35 et 36.) La tuile de recouvrement qui aboutissait à la corniche était masquée par

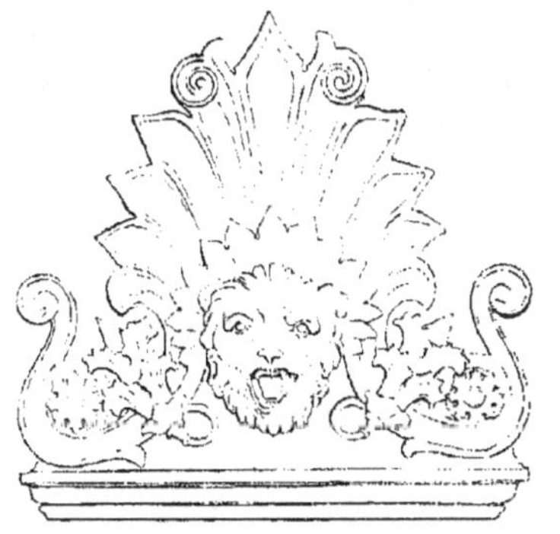

Fig. 37. — Antéfixe.

un ornement en forme de palmette, nommé *antéfixe*, dont nous donnons ci-contre un spécimen. (Fig. 37.) Une antéfixe tombait au droit d'un triglyphe, une, au milieu d'une métope.

---

1. L'architecte Byzès de Naxos se vit élever une statue, pour avoir imaginé de tailler ceux-ci dans le marbre. (V. Pausanias.)

Des *gargouilles* alternaient avec les antéfixes. C'étaient des *muffles* en saillie sur les cymaises, dégorgeant l'eau qui découlait des versants.

33. — *Frontons*. Les façades d'about des temples sont couronnées par un triangle en pierre ayant pour base la corniche du portique dénuée de sa cymaise et pour côtés inclinés toutes les moulures de la corniche rampant le long des versants du comble.

L'intérieur du triangle était décoré primitivement de figures en

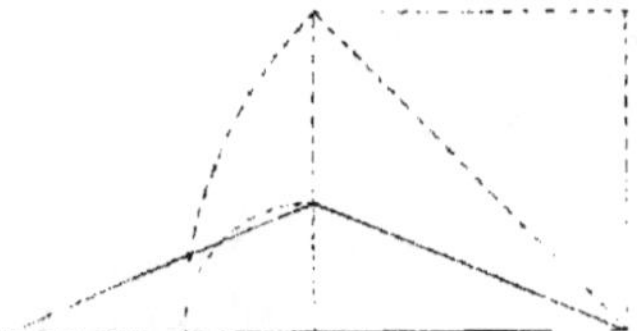

Fig. 38. — Tracé du fronton.

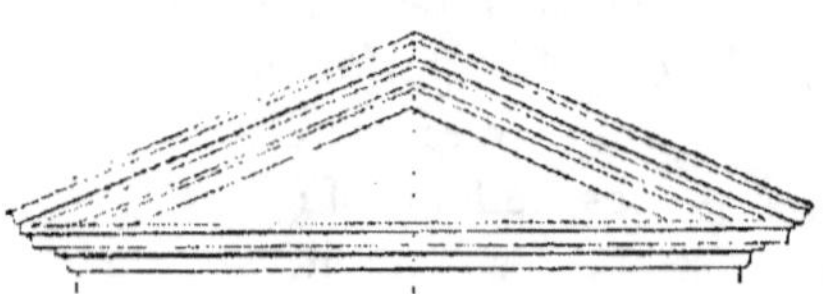

Fig. 39. — Fronton.

terre cuite, coloriées, remplacées plus tard par des bas-reliefs en marbre ou en bronze ; c'est là que les sculpteurs grecs ont placé leurs chefs-d'œuvre.

La hauteur du fronton est souvent égale à la différence de hauteur du côté et de la diagonale du carré construit sur sa demi-largeur, soit à peu près le $\frac{1}{5}$ de la largeur.

Au sommet et aux extrémités du fronton on plaçait des socles, sur lesquels on fixait des statues, ou des figures variées, nommées *acrotères*. Au temple de Pæstum les acrotères des extrémités sont des *griffons*.

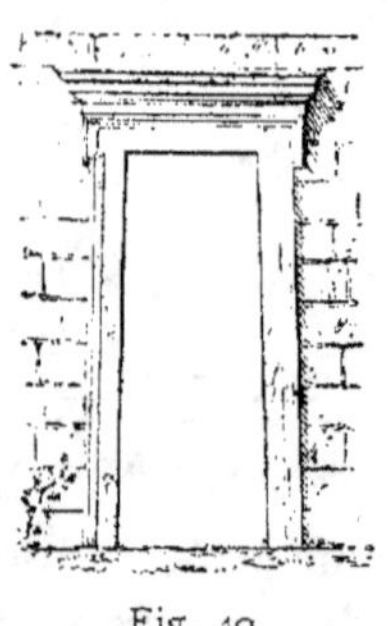

Fig. 40.
Porte de l'Érechtéion.

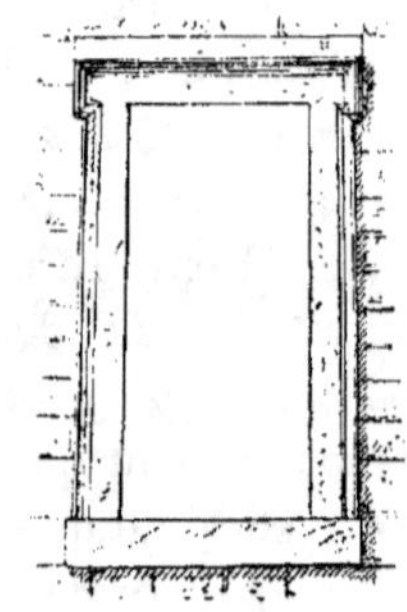

Fig. 41.
Fenêtre de l'Érechtéion.

34. — *Portes et fenêtres*. Les baies des portes étaient en forme de *trapèzes*, avec jambages monolithes. La porte de l'Érechtéion,

une des rares portes grecques conservées, était richement décorée. Elle offrait des jambages légèrement inclinés et des moulures ornées de sculptures, qui se retournaient sur le linteau, et formaient un encadrement ou *chambranle* de grande richesse. Celui-ci était surmonté d'une sorte de cymaise.

La fenêtre offrait une disposition analogue. L'encadrement, dénué de sculpture, offrait également des jambages légèrement inclinés, et des saillies latérales, ou *crosettes*, à hauteur du bas du linteau.

Ces deux particularités de l'inclinaison des jambages, et de la saillie des crosettes, sont évidemment une réminiscence des portes de l'époque pélasgique, dont les montants étaient en quelque sorte arcboutés contre le linteau pour soutenir la poussée de la maçonnerie grossière des murs ; le linteau débordait latéralement pour permettre d'assembler les montants à tenon et mortaise dans sa face inférieure.

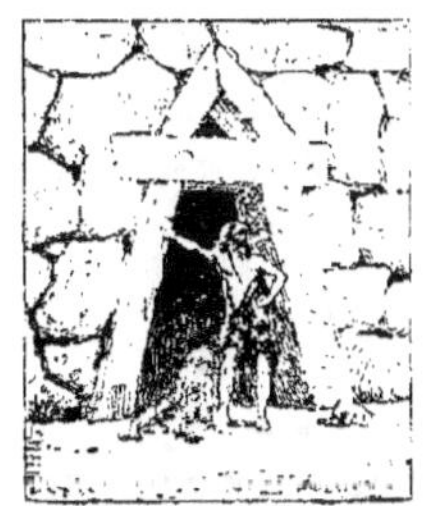

Porte primitive (pélasgique).

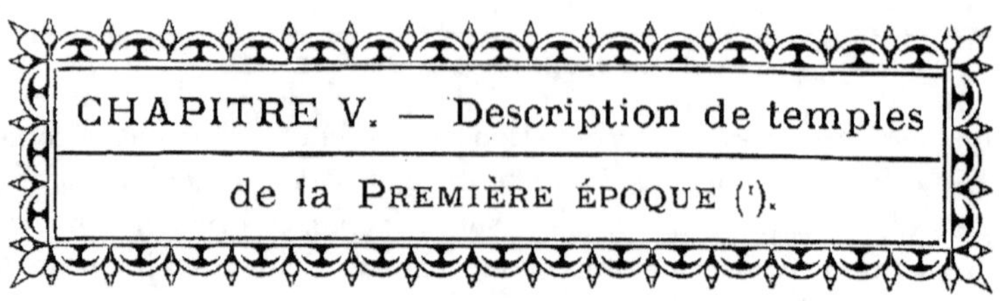

35. — L'ordre *dorique* a été prépondérant dans la Grèce et dans les colonies *occidentales*. A l'origine il était lourd ; l'entablement avait jusqu'à la moitié de la hauteur des colonnes ; les chapiteaux étaient très saillants, les colonnes, massives. Les temples des colonies ont conservé longtemps ce cachet de lourdeur, alors qu'en Grèce on s'en était déjà affranchi. La plupart des temples *de Sicile* sont postérieurs à Pisistrate, mais on peut les citer comme des types de l'époque antérieure, ils sont un demi-siècle en arrière. Ils fournissent des types de la première période, dont on n'a guère gardé de monuments debout.

TEMPLES D'AGRIGENTE.

36. — Parmi les temples grecs on peut citer celui de Jupiter Olympien à Agrigente comme le plus colossal et le plus considérable de la première époque. Il couronnait de sa masse imposante une colline voisine de la *Porta aurea*. Il ne fut jamais entièrement achevé. Diodore, qui l'a contemplé après son abandonnement, en a laissé une description (²). Les maçonneries du soubassement restent seules en place, au milieu de fragments épars, comprenant quantité de statues féminines.

C'était un temple *dorique pseudodiptère*, élevé vers la fin du Vᵉ siècle. La cella mesurait en plan près de 108 mètres sur 43,40. Il n'était pas entouré d'un portique, mais ses faces étaient ornées de colonnes engagées, au nombre de 7 sur chacun des petits côtés et, de 14 sur les longs côtés. Les colonnes engagées à l'intérieur de la cella n'avaient pas moins de 3 m. 45 de diamètre et 18 m. de hauteur. On comprend que son architecte ait adopté la disposition pseudodiptérique ;

---

1. V. BEULÉ, *Architecture grecque du temps de Pisistrate* (dans la *Revue générale de l'architecture et des T. P.*, année 1857 à 1858).

A. P. DI CERNOLA, *Salaminis hist. Treasures and antiq. of Salaminis in Cyprus*, Londres, 1884.

E. FALKENER, *Ephesus und the tempel of Diana*. Londres, 1862.

2. Diod. de Sic. Livre XIII.

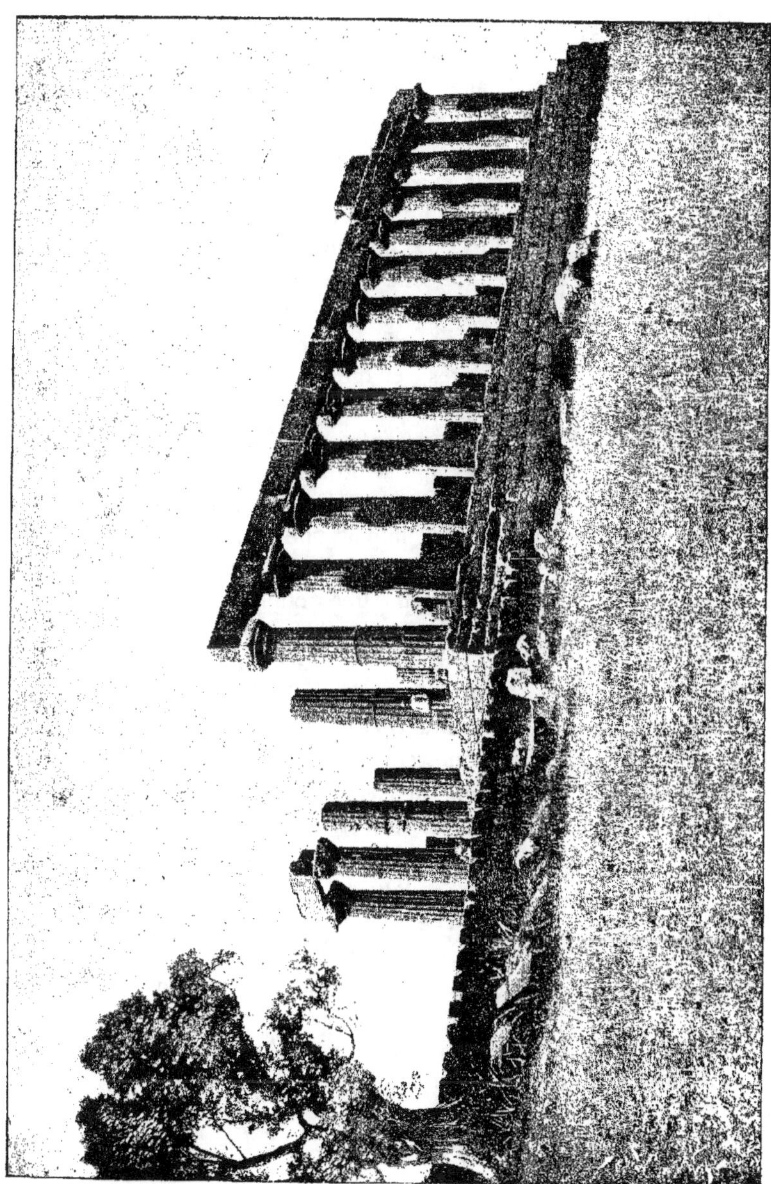

Fig. 42. — Temple de Junon Lacinienne à Agrigente.

les blocs les plus volumineux trouvés dans la région n'arrivant pas au diamètre de la colonne, on fut amené logiquement à les en-gager dans le mur ; les architraves, toujours monolithes dans l'architecture grecque, furent également composées de pièces multiples encastrées.

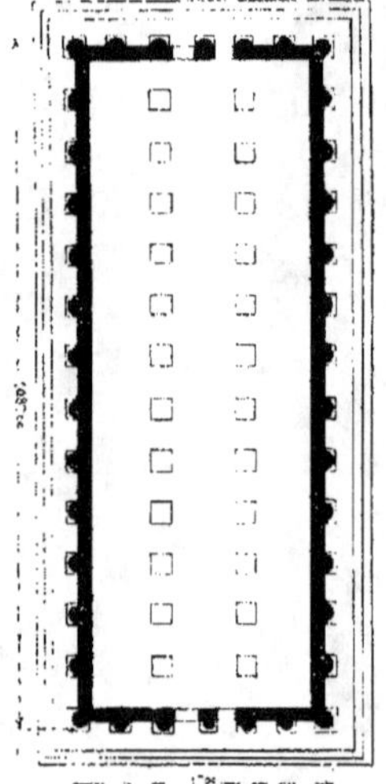

Fig. 43. — Plan du temple de Jupiter Olympien à Agrigente.

Un homme peut se tenir dans les canne-lures des colonnes.

La cella était partagée en trois nefs par des piliers carrés surmontés de figures vi-riles de dimensions colossales, hautes de 8 mètres, tenant les bras élevés pour porter la couverture du temple, et nommées *télamo-nes* ou *atlantes*, pour les distinguer des *caria-tides*, qui sont des figures de femme. Chose curieuse, les colonnes de la façade étant en nombre impair, une d'elles occupait le centre du portique ; elle correspondait sans doute au milieu d'une double porte.

Le temple d'*Hercule*, à peu près aussi grand que le Parthénon d'Athènes, était situé à l'extrémité Sud du plateau. Il était *hexastyle*, *périptère*. Il contenait une fameuse statue d'Hercule en bronze. Il n'en reste que les tambours de quelques colonnes.

Le temple de la *Concorde*, deux fois plus petit, est remarquable-ment bien conservé, ayant été converti en église au moyen âge.

Nous donnons (fig. 42) une vue du temple de *Junon Lacinienne*. Une vingtaine de colonnes restent debout, avec l'architrave d'une des faces. D'après Pline la cella était ornée de l'image de Junon, œuvre de Zeuxis. Les colonnes, du plus pur dorique, ont une hauteur égale à cinq fois leur diamètre. Ce temple diffère des précédents par une terrasse qui régnait en avant de sa façade.

Les ruines des temples de *Castor* et *Pollux*, et de *Vulcain*, tous deux *hexastyles*, *hypètres*, sont moins bien conservées.

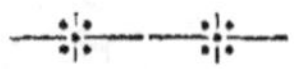

TEMPLE DE ZEUS A OLYMPIE ([1]).

L'architecte Blouet, attaché à l'expédition française de Morée([2]), a reconnu l'emplacement et les ruines du grand temple de Zeus Olympien, qui fut commencé, vers la 50e Olympiade, par l'architecte Libon, originaire du pays, et achevé vers la 85e par des artistes athéniens. Il était *hexastyle, périptère* et *hypètre.* Les colonnes ont 2, 25 de diamètre inférieur, et une hauteur de 4 diamètres 3/5 ; le profil du chapiteau a déjà la fermeté de ceux de la belle époque.

Le plan était fort allongé ; la colonnade latérale était de 15 entre-colonnements. C'est dans ce temple que se dressait l'incomparable statue de Zeus, due à Phidias, dont nous parlerons plus loin, ainsi que d'autres chefs-d'œuvre.

Le toit reçut une des premières couvertures en tuiles de marbre: elles provenaient des carrières du Pentélique.

TEMPLE DE SEGESTE (3).

Actuellement encore se dressent au sommet d'un mamelon voisin du mont Barbara, où sont les restes de l'antique cité de Segeste, les colonnes, avec leur entablement et leurs frontons auxquels on n'a jamais ajouté la superstructure, autour des vestiges d'une cella qui n'a jamais été terminée, de ce beau temple dorique, *hexastyle, périptère.* Cette ruine imposante domine une vaste solitude, ayant une montagne pour piédestal et le ciel pour cadre.

Le temple mesure environ 60 mètres sur 25 ; il est orienté, et tourne une de ses façades vers la ville ; 36 colonnes composent son péristyle, d'une proportion massive, en harmonie avec le site qui l'environne. Le fût des colonnes offre un surplus d'épaisseur en vue des cannelures qui devaient être taillées après coup, et qui n'ont pas été exécutées.

Encore privé de sa couverture et même de sa cella, quand les

<hr>

1. A. Bœtticher, *Olympie*, Berlin, 1886.
2. F. C. Penrose, *The tempel Jupiter Olympius, Athen.* Londres, 1888. — Stanhope, *Olympie*, Londres. 1824.
3. V. *Encyclopédie d'architecture*, t. V, article *grecque, archit.*

habitants de Segeste entreprirent la guerre qui devait couvrir de ruines le sol de la Sicile entière, ce temple est resté debout, témoin de leur grandeur et de leur faute ([1]).

TEMPLES DE PÆSTUM ([2]).

Les ruines de l'ancienne Posidonie sont situées à l'extrémité du golfe de Salerne, dans une contrée déserte, non loin de la mer. En arrivant de Naples on entre par la porte du Nord, et les premiers objets qui frappent la vue sont les trois temples qui partagent la largeur de la ville, notamment ceux de Neptune et de Cérès.

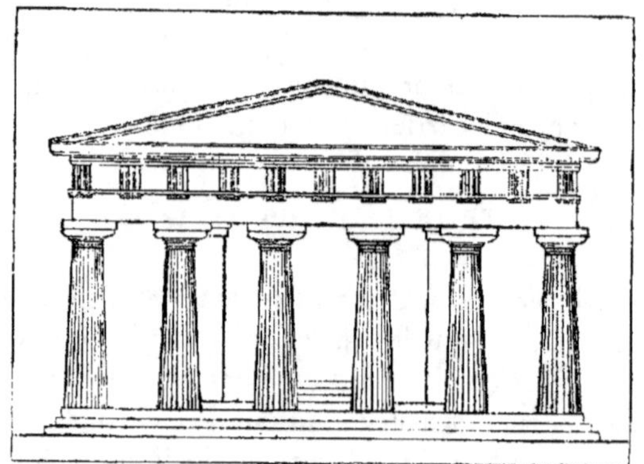

Fig. 44. — Façade principale du Temple de Poséidon.

« Les temples de Pœstum, surtout celui de Neptune, sont, à mon avis, dit M. de Laveleye dans la *Revue de Belgique*, les plus beaux monuments de l'Italie ; ils s'élèvent seuls dans la solitude; on peut ainsi goûter sans mélange la beauté austère de l'architecture grec-

---

1. Hittorff et Zanth, *Architecture antique de la Sicile.* — Gailhabaud, *Monuments anciens et modernes,* 5ᵉ livraison.

2. A. H. Baumgartner, *Ruinen von Pœstum, Posidonia in Gross-Grieckenland* Wirzbourg, 1781. — V. *Encyclopédie d'architect.,* t. V, article *grecque, (archit.)* — Restauration par P. F. K. Labrouste en 1830. — *Étude des dimensions du grand temple de Pœstum, au double point de vue de l'architecture et de la métrologie,* par Aurès, ingénieur en chef des ponts et chaussées. 1 volume in-4° et 1 atlas grand in-folio de 7 pl. doubles dans la *Gazette des Archit.,* 1869-71. — Major, *Les ruines de Pœstum ou de Posidonie dans la grande Grèce.* Londres. 1768, in-fol., 24 planches.

que. Entre les colonnes, du plus beau ton jaunâtre, toutes dorées par le soleil, s'étend la ligne d'un bleu intense de la mer. Ces colonnes sont doriques et cannelées, sans soubassement ; elles sont gigantesques et soutiennent un entablement d'une puissance admirable, et, aux deux extrémités, les lourds frontons surbaissés. Elles s'amincissent en courbe vers le haut où s'étalent les chapiteaux en forme de champignon. Les marches pour monter aux portiques y sont encore toutes. »

Le temple de *Poséïdon* à Pæstum peut être considéré comme le type des temples de la première époque. Il est *dorique, périptère, hexastyle, hypètre*. Il offre des colonnes courtes (8 mod. ½) très rapprochées (2 m ⅓) et fortement diminuées vers le haut. Les chapiteaux sont très saillants. L'expression de force est extrême. L'entablement a 0,43 de la hauteur de la colonne sous le cheneau : primitivement, il atteignait le *tiers* de la hauteur totale. La cella est divisée en trois nefs, par deux rangées de 7 colonnes (¹).

Le temple de *Cérès et de Vesta* est analogue, comme plan, mais plus petit et de proportions plus élancées.

1. V. *Restitutions de* Labrouste, de Viollet-le-Duc et de M. Aurès.

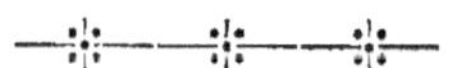

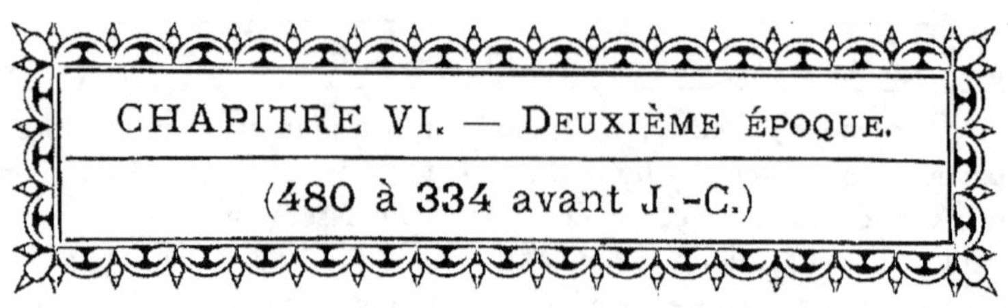

L'ACROPOLE D'ATHÈNES ([1]).

37. — A Périclès commence la belle époque de l'art grec. « La gloire de Périclès, dit Philostrate, est d'avoir orné l'acropole d'Athènes des plus beaux édifices que l'on pût citer alors, le Parthénon, dont les chefs-d'œuvre ont orné Rome et enrichi nos grands musées modernes, et les Propylées. » Ces monuments et d'autres s'élevaient sur l'acropole, c'est-à-dire sur la citadelle d'Athènes, berceau de la ville.

Athènes était primitivement presque tout entière dans son acropole, comme Rome dans son forum, Venise dans sa place de Saint-Marc, et Gand dans son marché du Vendredi.

Après avoir gravi un très large escalier, retrouvé par Beulé, on arrivait à droite, sur la terrasse où se trouve le temple de la *Victoire aptère* (sans aile), le plus ancien monument ionique qui soit encore debout (V. fig. 45).

En face de l'escalier sont les *Propylées*. L'aile gauche offre une salle qui a été appelée *Pinacothèque*.

En pénétrant dans l'acropole proprement dite à travers les propylées, qui en sont la porte, on aperçoit sur la droite le *Parthénon*, temple de Minerve, œuvre de Phidias, d'Ictinus et de Callicrate, le chef-d'œuvre de l'art grec.

A gauche de l'acropole s'élève l'*Erechtéion*, édifice qui réunit les temples de Minerve Poliade et de Pandrose ; le style ionique s'y présente dans toute son élégance et sa richesse.

---

1. E. Beulé, *L'acropole d'Athènes*. Nouv. édit. Didot, Paris, 1853-54, 2 vol. in-8°. — A. Boetticher, *Die Akropolis von Athen*. Berlin, 1888. — L. E. Schaubert et C. Hansin, *Die Akropolis Athen., Tempel der Nikeapteros*. — W. Miller, *L'acropole d'Athènes*. (*The American Journal of archeology*, Princeton, oct.-déc. 1893.) — Marcel Lambert, *L'acropole d'Athènes*. (*Encycl. d'arch.*, article *Acropole*.) — H. Lechat, *L'acropole d'Athènes*. (*Gazette des Beaux-Arts*, 7 août 1892.) — Ch. H. Dyer, *Ancient Athens*, London, 1873. — Stuart et Revette, *Antiquités d'Athènes*. — F. Brelin, *Athènes décrite et dessinée*. — Pittakis, *L'ancienne Athènes*. — L. de Laborde, *Athènes aux XVe, XVIe et XVIIIe siècles*.

LES PROPYLÉES D'ATHÈNES.

38. — Les Grecs désignaient d'une manière générale par le mot *propylées* une construction avancée en forme de portique, qui décorait l'entrée de l'enceinte sacrée des temples, ou *péribole*, ou servait

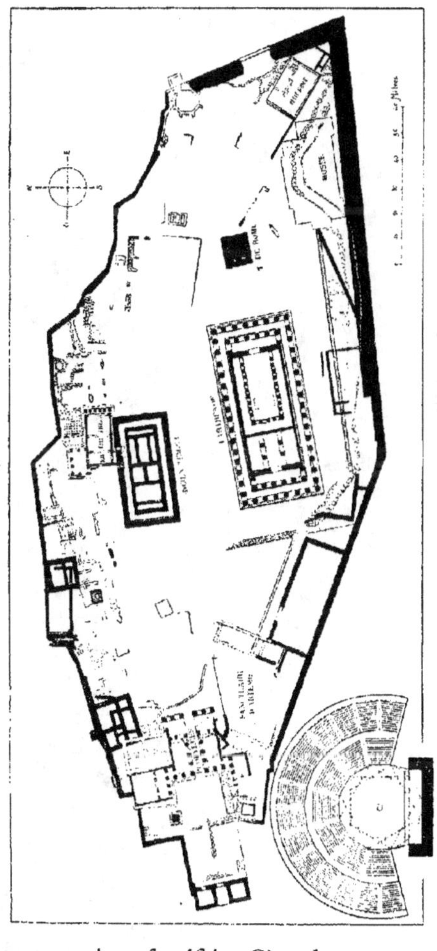

Fig. 45. — Plan de l'Acropole.

de porte à une enceinte fortifiée. C'est le cas pour les propylées de l'acropole d'Athènes. C'est Périclès, qui, vers 436, voulut donner à l'acropole une entrée digne de cet édifice.

L'Acropole était située sur une roche escarpée, qui n'était guère

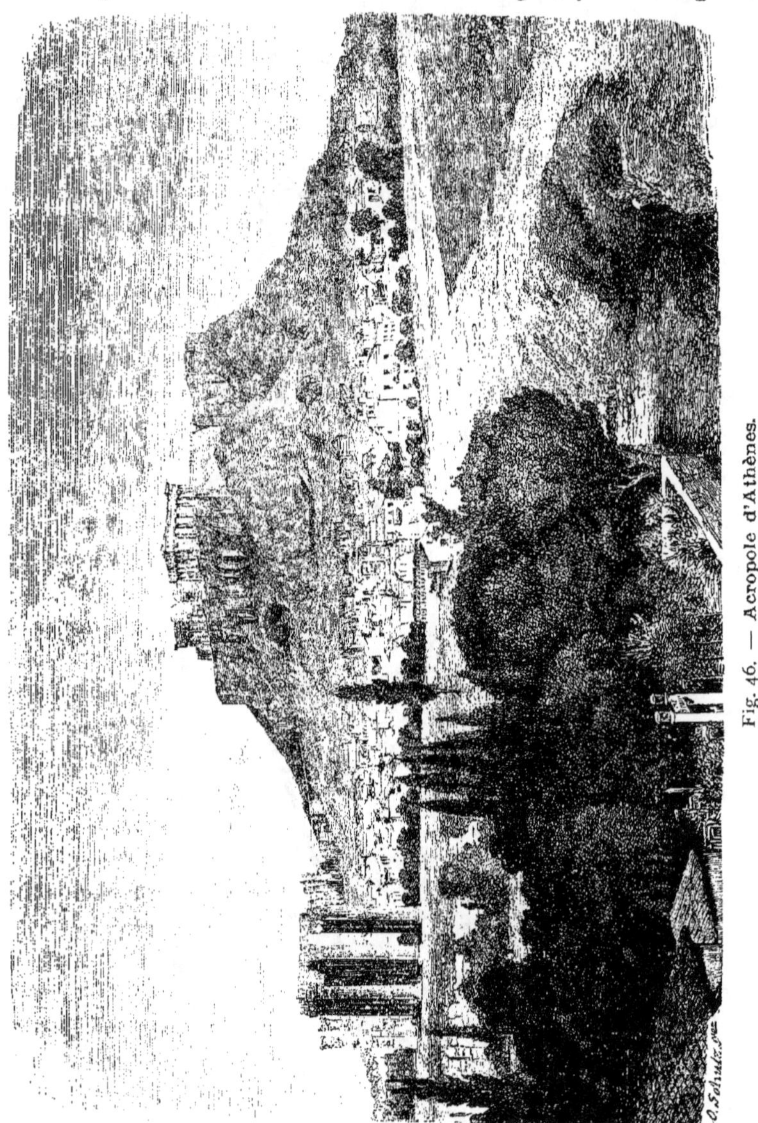

Fig. 46. — Acropole d'Athènes.

accessible que du côté de l'Ouest. C'est là qu'il fit élever les colon-
nades célèbres, magnifique vestibule aux cinq portes inégales, do-

rique extérieurement, ionique par les colonnes intérieures, construction qui ne le cède en rien au Parthénon en beauté. Commencée, l'an 437 avant J.-C., par Mnésiclès, et construite en cinq années, elle représente à Athènes la perfection de l'architecture civile.

Le plan en est fort simple. Le principal motif est un mur percé de cinq portes, dont l'une, celle du milieu, pouvait donner passage aux chars et aux cavaliers. En avant et en arrière du mur règne un portique *hexastyle dorique*. A l'intérieur s'étend une double colonnade ionique.

Un escalier en marbre blanc de 20^{m}00 de largeur donnait accès aux Propylées. Il était interrompu en son milieu par une pente douce dallée de marbre, servant de passage aux voitures et aux animaux destinés aux sacrifices des panathénées. Des rainures transversales donnaient appui aux pieds des chevaux.

Les Propylées étaient couronnées en façade d'un fronton, chose étrange pour un portique ; son but était d'établir l'harmonie avec les autres monuments ; il se répétait à l'arrière de l'édifice.

Deux ailes précédées d'un portique *ionique, hexastyle,* s'élevaient sur une terrasse et faisaient retour en saillie des deux côtés des propylées. L'une, à droite, contenait la *Pinacothèque ;* à gauche, s'élevait un petit temple, érigé par les Athéniens, après leur victoire sur les Perses ; ils y honoraient la *Victoire sans ailes* (1). Pausanias nous apprend qu'ils eussent voulu, du moins en figure, rendre la victoire prisonnière de leur cité.

Enfin le temple de Thésée existe encore parfaitement conservé au pied de l'Acropole (2).

Une double statue équestre s'élevait à mi-côté près de l'escalier.

« Les Propylées, dit Pausanias, ont leur faîte en marbre blanc, et c'est l'ouvrage le plus admirable qu'on ait exécuté jusqu'à présent, tant pour le volume des blocs que pour la beauté du travail. » C'est en effet un des monuments de l'antiquité qui ont été le plus admirés (3).

---

1. V. *Moniteur des Arch.*, 1876.
2. V. *Encyclopédie d'architecture*, t. V, p. 58.
3. V. *Moniteur des Architectes*, 1873 et 1874. Une restitution en a été faite par P. Dubuisson en 1849.

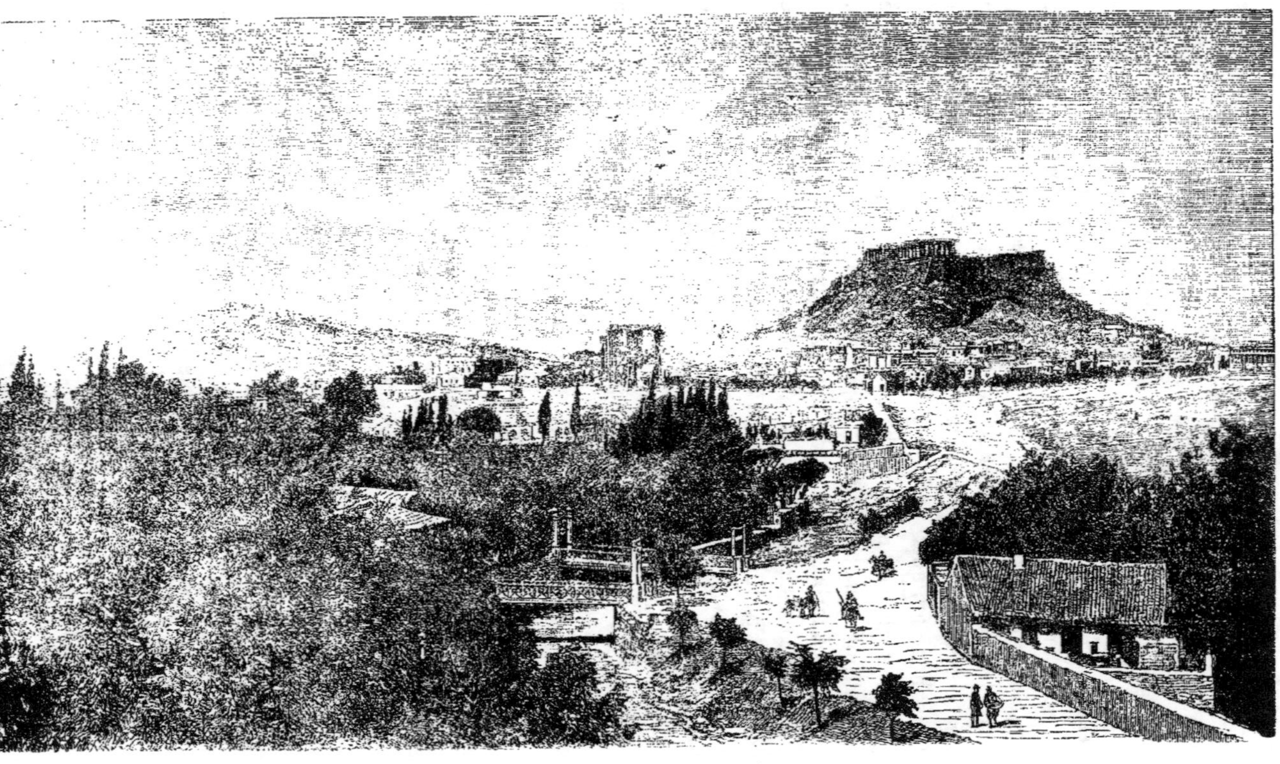

Fig. 47. — Vue générale d'Athènes.

LE TEMPLE DE LA VICTOIRE APTÈRE.

39. — Ce petit temple, qui paraît dater de l'époque de Cimon, prédécesseur de Périclès, s'élève à l'avant des Propylées sur une terrasse haute de 8 mètres. Il est destiné à rappeler, pense-t-on, la double victoire remportée par Cimon sur les Perses 470 ans avant J.-C. Tout en marbre pentélique, il est *ionique, amphiprostyle, tétrastyle*, et offre une cella carrée d'à peu près 5ᵐ. de côté; l'entrée est précédée d'un portique, qui se répète à l'arrière. Autour du temple régnait une frise sculptée, dont il ne reste en place que des fragments; les parties principales sont au Musée britannique ; elle figurait des sujets relatifs au culte d'Athena, et des combats entre Perses et Grecs.

Des Victoires en relief, d'une grande beauté, formaient une balustrade le long du temple, et une ancienne statue de la Victoire « aptère », c'est-à-dire sans ailes, ornait le monument.

Le temple actuel n'est qu'une restitution. Détruit par les Turcs en 1687, il a été reconstruit en 1835 par les architectes allemands Schaubert et Hansen.

LE PARTHÉNON (¹).

40. — Commencé, vers l'an 444, par Périclès, sur les ruines d'un temple élevé également en style dorique sous Pisistrate et détruit par les Perses, temple dont on a retrouvé des vestiges (²), le Parthénon fut terminé en 429. Il eut pour auteurs les trois artistes les plus célèbres de l'antiquité : *Ictinus* traça les projets, *Callicrate* fut chargé de la construction, et *Phidias*, des sculptures. Leur œuvre a toujours passé pour le chef-d'œuvre de l'architecture grecque.

Ce temple, consacré à Minerve, servait à la célébration des grandes fêtes d'Athènes, nommées les *Panathénées*.

L'édifice dessine en plan un rectangle de 46 mètres sur 30, dont le grand axe est orienté de l'Est à l'Ouest.

Il repose sur un soubassement formé de 3 degrés de marbre, qui

1. Ch. Laborde, *Le Parthénon.* — S. Aroza, *Les frises du Parthénon représentées par la phototypie.* — Michaelis, *Der Parthenon.*

2. Ch. Normand, *Le Parthénon inconnu.* (*L'Ami des monuments*, 1892, n. 30.)

supporte directement les fûts des colonnes doriques, au nombre de huit en façade ; celles-ci ont 1^m87 de diamètre et 10^m36 de hauteur.

Le temple est donc *octastyle* ; il est au surplus *périptère* et *hypèthre*, c'est-à-dire que les colonnes font le tour de l'édifice, dont la *cella* rectangulaire, divisée en trois nefs par deux rangées à double étage de colonnes plus petites, est éclairée par le dessus des nefs latérales. Les triglyphes du portique alternent avec des métopes ornées de sculptures, qui représentent, entr'autres sujets, le combat des *Centaures* et des *Lapithes*, la légende fabuleuse d'Athènes. Au fronton principal, Phidias a sculpté la *naissance de Minerve* ; à

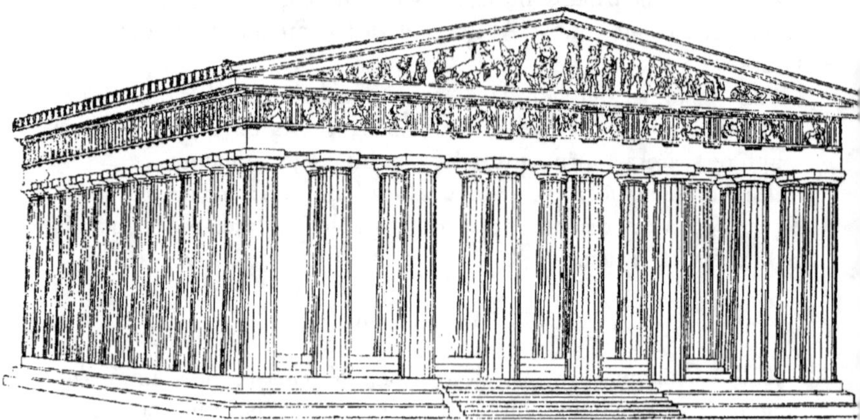

Fig. 48. — Parthénon d'Athènes.

l'autre, la *dispute entre Minerve et Neptune* pour la possession du territoire d'Athènes. La frise de la cella sous le portique figure le cortège des *Panathénées*, avec les prêtresses, les victimes, les chars armés en guerre, et une longue suite de cavaliers dont la chlamyde flotte un vent.

Des sortes d'*antes* forment un *pronaos* sous le péristyle. Les trois nefs de la *cella* s'étendent en onze travées jusqu'à un escalier conduisant à une salle supérieure formant l'*opisthodome*, ou trésor ; la porte postérieure de cette pièce donne sur le *postnaos* (V. fig. 49).

Les colonnes de la cella portent par une simple architrave un autre ordre dorique plus petit, lequel soutenait un plafond par l'inter-

médiaire d'une architrave et d'une frise, sans corniche ; on ne sait
si cet étage supérieur avait un plancher et formait galerie.

La divinité se dressait au fond de la cella. C'était la statue colossale d'*Athena parthenos*, l'un des chefs-d'œuvre de Phidias, en
ivoire et en or, et toute brillante de pierreries ([1]).

L'opisthodome était le trésor de la déesse et de
la Ville, où se conservaient les offrandes précieuses
dont Minerve était comblée ; les portes en étaient
fermées par des grilles en bronze, et des richesses
de toutes sortes décoraient le temple.

M. Chipiez a fait sous forme d'une maquette
une très remarquable restitution du Parthénon,
ce temple fameux, que ses admirateurs appellent
« la divine union de la grâce et du nombre ([2]) ».

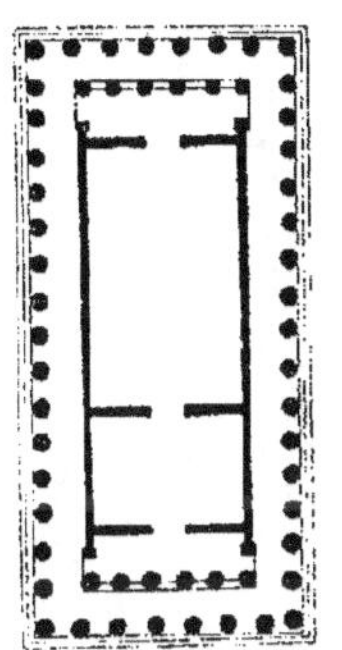

Fig. 49. — Plan du Parthénon.

Les plafonds des portiques étaient en marbre
blanc, rehaussé de polychromie. Ils offraient des
caissons formés de dalles perforées dans lesquelles
s'emboîtaient de plus petites dalles creusées à leur tour, pour recevoir des fonds sculptés.

La couverture du toit était formée de tuiles en marbre, à emboîtement. Leurs joints descendants, continus, étaient protégés par
des couvre-joints en marbre. Le couvre-joint se terminait à la corniche par un *antéfixe* à palmette. Les chéneaux étaient terminés
par des *gargouilles* en mufle de lion et les extrémités, ainsi que le
sommet du fronton, garnis d'*acrotères*, sortes de socles portant des
Sphinx, des Victoires, etc.

On assure qu'Ictinus a poussé la perfection de son œuvre, jusqu'à
tenir compte, avec un raffinement d'habileté sans exemple, du jeu de
lumière produit par les phénomènes physiques les plus particuliers. On sait par les recherches de MM. Pennethorne, Penrose et
Paccard, que le Parthénon affecte la forme d'une pyramide tron-
quée, afin que les lignes verticales du temple paraissent, en dépit de
certaine illusion d'optique, exactement verticales; l'axe des colonnes
et le mur de la cella sont inclinés vers le centre. La colonne d'angle

1. A. Conze, *Die Athenastatue des Phidias in Parthenon.* — V. *Revue des arts décoratifs*, sept. 1889. — La figure 45 contient un plan plus complet que celui de la fig. 49.
2. V. *L'architecture*, sept. 1889.

est renforcée. Burnouf a donné une explication remarquable de cette obliquité des colonnes d'angle et de la courbure des lignes de l'entablement, qui sont légèrement ceintrées ([1]). Tout est calculé avec une savante recherche et un effort inouï vers la perfection, pour que rien ne choque les exigences les plus raffinées de la vision.

Le Parthénon a coûté 1000 talents, soit l'équivalent de 117,500,000 francs.

Durant plusieurs siècles, le Parthénon a été transformé en église, et ainsi sauvé provisoirement ; mais en 1637 il devint un magasin à poudre ; les Vénitiens ayant entrepris le siège d'Athènes, une bombe fut lancée au cœur de l'admirable édifice ; il n'en reste plus que des ruines. Depuis, les Turcs ont fait de la chaux avec ses colonnes de marbre blanc. Pour comble de malheur un Anglais, Lord Elgin, est survenu au commencement de ce siècle, et a enlevé la plus grande partie des sculptures, que l'on peut à présent contempler au Musée britannique. Naguère, en 1890, M. F. Harrisson a entrepris une célèbre campagne, restée sans résultat, pour amener le retour sur place de ces fragments arrachés à l'un des plus beaux monuments du monde.

Une vive émotion a été causée dans le monde civilisé par les tremblements de terre d'avril 1894, qui ébranlèrent les restes du chef-d'œuvre de l'art antique. Mais une commission nommée sans retard par le Gouvernement a constaté que le dommage n'était à beaucoup près pas aussi désastreux que l'ébranlement causé jadis par l'explosion de la bombe de Morosini. Le danger n'est pas imminent, mais il n'est que trop réel, et une nouvelle secousse du sol pourrait causer un désastre, si elle surprenait le monument dans son état actuel ; la frise des Panathées est notamment menacée. On procède en ce moment à la consolidation de l'édifice ; la Société archéologique d'Athènes a voté dans ce but des crédits illimités, et a fait un appel au monde savant. Les travaux de restauration ont été confiés à un architecte allemand, M. Durn ([2]), avec la collaboration de M. L. Magne ([3]), de Paris. Les marbres à mettre en œuvre

---

1. Sur les courbes du Parthénon, voir C. Rone, *Moniteur des Architectes*, août 1869.

2 M. Durn a déclaré que la plupart des monuments anciens d'Athènes, notamment le Parthénon et le temple de Thésée, se trouvent en danger : il faudrait un million de drachmes pour les consolider.

3. Au lendemain de la secousse, M. Lucien Magne a adressé au gouvernement français un important rapport sur l'état actuel du parthénon. (V. *L'architecture*, n° du 12 janv. 1895.)

sont empruntés aux carrières antiques, lesquelles ne sont plus ex-

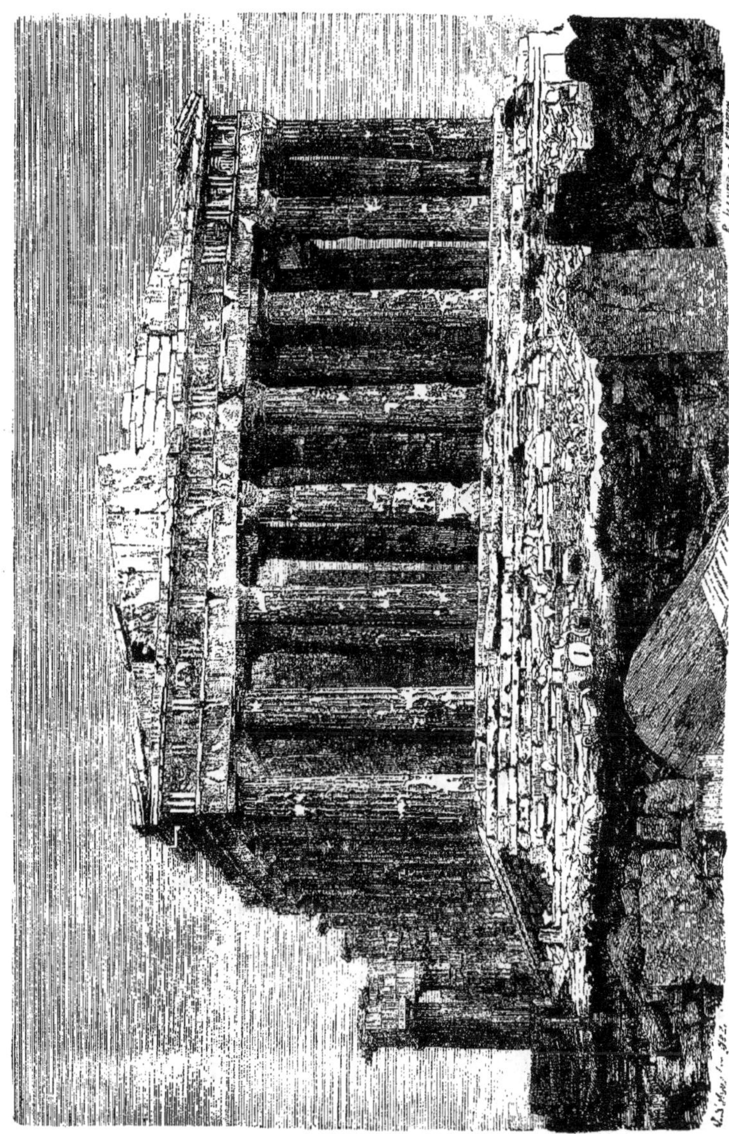

Fig. 50. — L'Acropole d'Athènes.

ploitées depuis longtemps, parce qu'on les considère comme monuments historiques.

ERECHTÉION.

A l'Orient de l'Acropole il existait un groupe de deux temples accolés, désigné sous le nom d'*Erechtéion*, du nom d'Erechtée, le créateur de cette construction remarquable. Il avait la forme d'un rectangle précédé d'un portique ionique de 6 colonnes et accompagné sur les deux longs côtés de deux autres portiques. Il était divisé en deux parties ; celle de l'Est était consacrée à Minerve Poliade, celle de l'Ouest était le tombeau de Pandrose, fille de Cécrops[1]. Cette dernière partie offre une tribune avec entablement supporté, en place de colonnes, par des figures de femmes, nommées *cariatides*, ou aussi *erréphores*. Ces statues reproduisent trois fois un type identique, et trois fois le même type symétriquement tourné. Elles portent sur la tête des corbeilles simulant, dit-on, celle qui contenait les objets appartenant à la nymphe ; ces corbeilles font office de chapiteaux. On connaît l'explication de Vitruve, d'après laquelle ces postures seraient un souvenir de la destruction de la ville de Carie et du châtiment infligé à ses matrones captives [2].

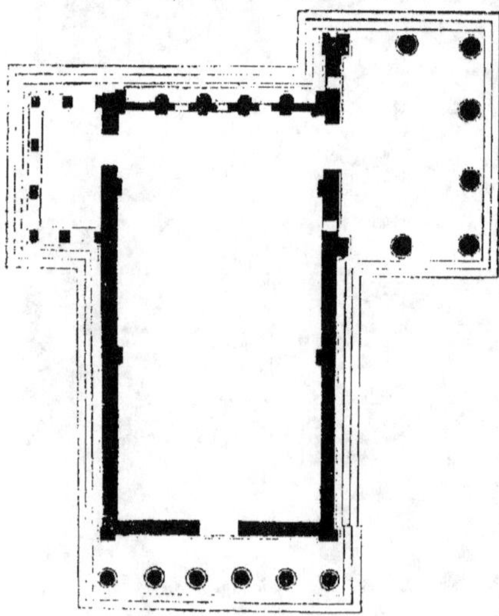

Fig. 51. — Plan de l'Erechtéion.

Le temple d'Erechtée, qui paraît dater de l'époque de Cimon ou de Périclès, était construit avec un soin extrême, en marbre blanc. Sa frise, de marbre noir, était couverte de *bas-reliefs*, en marbre blanc, fixés par des crampons en bronze. Les colonnes ioniques offraient un chapiteau plus large que dans les autres temples et d'une plus grande élégance.

1. Selon Beulé (*ouvr. cité*).
2. V. *Revue gén. de l'arch. et des trav. publ.*, année 1849. — V. *Intime Club.*, 1871, IV-1

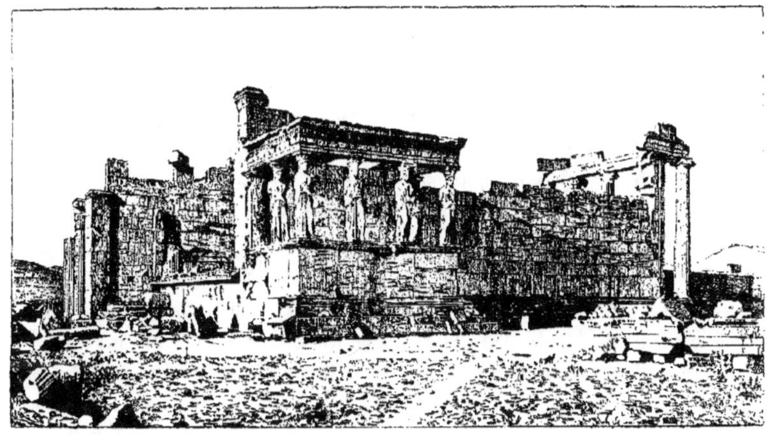

Fig. 52. — Vue des ruines de l'Érechtéion ([1]).

L'entablement se distingue de l'ordre ionique de l'Asie Mineure par la suppression des denticules ; les Athéniens ont adopté un profil plus simple, formé d'une cymaise richement ornée de palmettes, avec larmier à grand refouillement. Cette corniche, quoique peu élevée, vue d'en bas, présente un grand développement. Nous donnons (fig. 52) une vue générale des ruines de l'Érechtéion, et (fig. 53) un détail de la tribune aux cariatides.

L'Érechtéion prouve d'une manière remarquable que les Grecs n'étaient pas esclaves de la symétrie. Ils ont ici varié les formes, sans doute dans le but d'écarter toute comparaison entre le temple de Minerve et l'Érechtéion, comparaison qui aurait donné à celui-ci un aspect mesquin.

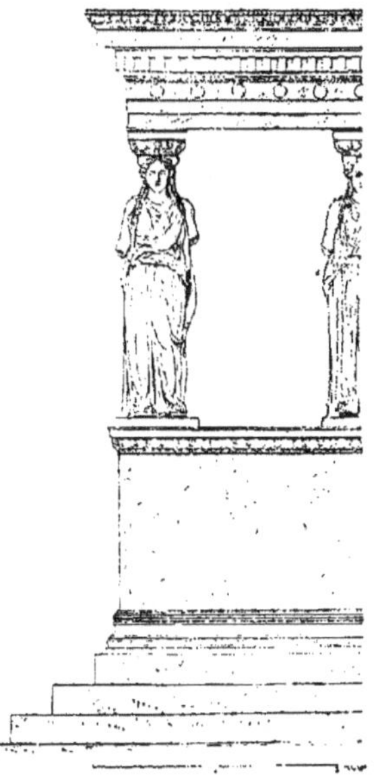

Fig. 53. — Tribune de l'Érechtéion.

1. D'après un dessin de Pascal, paru dans l'*Intime Club*.

TEMPLE D'ATHÉNA A ÉGINE ([1]).

42. — Après la guerre médique s'ouvrit une nouvelle ère féconde. Le réveil artistique se produisit dans l'île d'Égine. Les formes lourdes des premiers temps furent abandonnées ; la hauteur de l'entablement diminua, et la grande saillie des chapiteaux fut réduite.

La petite île d'Égine, au sol aride et pierreux, fut le centre d'une activité puissante, un marché ouvert à toutes les richesses de l'Asie, de l'Afrique et de l'Europe, jusqu'à ce que sa prospérité fut étouffée par la jalousie d'Athènes vers 430 ans avant J.-C. On y éleva des temples à Athéna, à Vénus, à Diane, à Apollon et à d'autres dieux.

Le temple d'*Athéna* est un des plus beaux spécimens du style *dorique*, dont il nous reste des vestiges, à savoir 22 colonnes. Il était *hexastyle, périptère et hypètre*. Les frontons étaient ornés de bas-reliefs représentant les combats des Grecs et des Troyens se disputant le corps de Patrocle et l'expédition des guerriers d'Égine conduite par Athéna. Ces figures, en partie conservées au musée de Munich, où l'ensemble des frontons a été restauré par Thorwaldsen, caractérisent le style dit *éginétique*.

La corniche et la couverture étaient en marbre blanc, les murs, en pierre sablonneuse recouverte de stuc polychrome. L'architrave et les métopes étaient rouges, les triglyphes, bleus, ainsi que le fond des frontons.

TEMPLE D'APOLLON A DIDYME.

43.—Ce temple, nommé *Didyméon*, était un temple *ionique, diptère,*

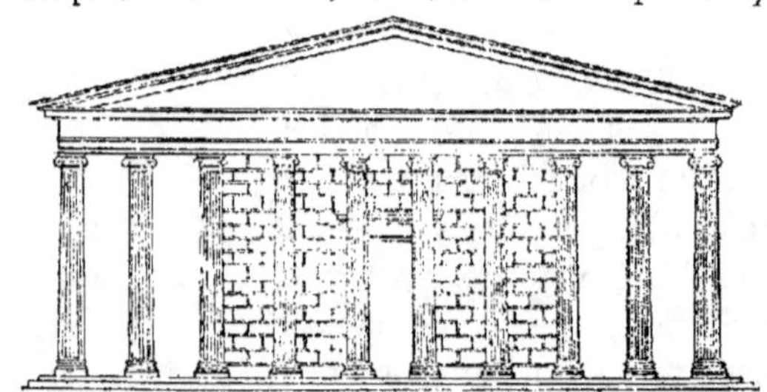

Fig. 54. — Temple d'Apollon Didyme près de Milet.

décastyle, mesurant 108 mètres sur 50 ; les colonnes atteignaient

1. Ch. GARNIER. — *Ile d'Égine. Temple de Jupiter Panhellénien.* Paris, 1854, in-8, br. 3 pl. — V. *Revue générale de l'archit. et des T. P. de C. Daly.*, année 1858.

près de 20 mètres de hauteur. Le double portique qui l'entourait de toutes parts ne comptait pas moins de cent et seize colonnes de marbre, formées de tambours superposés.

Les bases, différentes de celles des monuments ioniques d'Athènes, reposaient sur une plinthe carrée ; elles étaient variées avec une remarquable liberté, et le bas du fût était décoré de sculptures végétales et historiées.

THÉATRES.

44. — C'est à la même époque encore, que remonte la construction des théâtres grecs. Il en existait avant la guerre des Perses, mais c'étaient des constructions mesquines. Les théâtres se composaient alors de deux échafaudages en regard l'un de l'autre, un pour la scène, un pour le public, celui-ci en amphithéâtre.

Après la guerre des Perses, les théâtres furent construits en pierre. Nous décrirons le plus ancien, le théâtre de Dionysios, qui est aux pieds de l'Acropole. Il est connu depuis les fouilles exécutées en 1862 par M. Strack, architecte allemand. Sa disposition semble avoir servi de modèle pour les autres théâtres. Il date de l'an 330 avant J.-C.

Il se compose de trois parties: *la scène, l'orchestre et l'amphithéâtre*.

Situé à l'angle S.-O. de l'Acropole, il était adossé au flanc du rocher, dans lequel étaient taillés une partie des gradins, et dominé par le mur Sud de la citadelle. C'est ainsi que le montre une médaille d'Athènes, où le graveur n'a pas manqué d'indiquer la perspective grandiose qu'offre ce côté de l'Acropole. On peut voir sa position dans le plan général de celle-ci (V. fig. 45, p. 53).

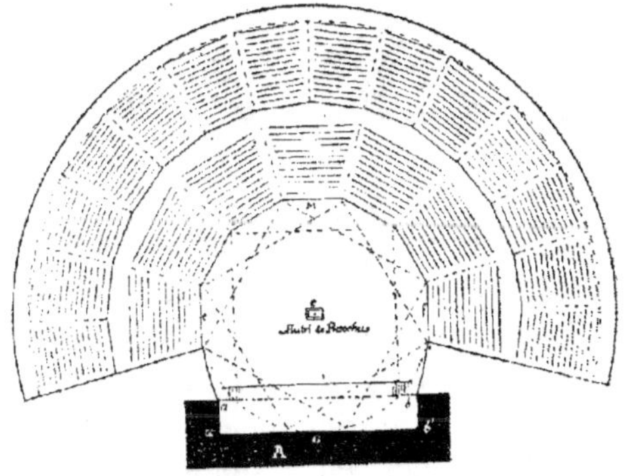

Fig. 55. — Tracé du plan du théâtre grec.

Le tracé en plan était soumis à des règles intéressantes. Le point de départ est l'orchestre. On trace du centre *c* un cercle ayant pour diamètre *ef*, la largeur de l'espace réservé à l'orchestre. Dans cette circonférence on inscrit trois carrés, dont l'un a deux côtés parallèles à *ef*, et sa base sur la ligne *ab*. L'orchestre est limité par le demi-cercle *emf*, par la ligne *ab*, et par deux arcs de cercles *ea*, *fb*, décrits de *e* et de *f*, comme centres. La ligne *ab*, deux perpendiculaires *aa'bb'*, élevées de *a*, et de *b*, et la ligne *a' b'*, tangente au cercle en G, limitent *l'avant-scène ;* un peu en avant de *ab*, est le mur *d'avant-scène*, qui s'élève à un mètre et demi au-dessus du sol de l'orchestre.

Derrière le mur *aa'b'b*, qui forme le fond de l'avant-scène, s'élèvent les bâtiments de la scène, A. Ce bâtiment contenait les cabinets des

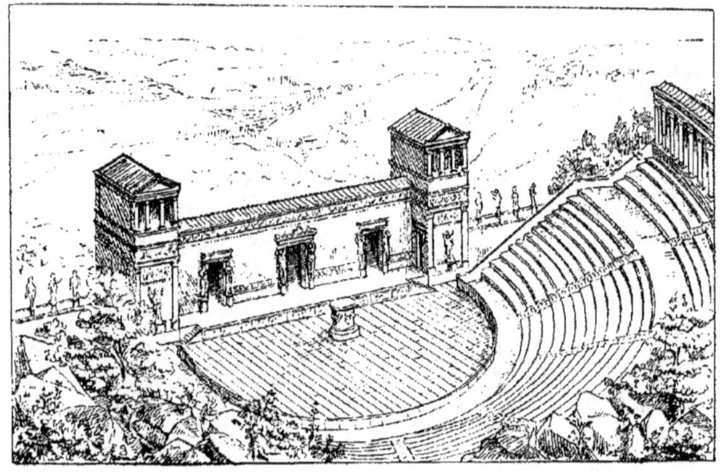

Fig. 56. - Vue d'ensemble du théâtre grec.

acteurs et le magasin de décors. Le mur *aa'b'b* était percé de trois portes.

De ces trois portes (V. fig. 56) celle du milieu s'appelait *porte royale ;* les deux autres figuraient l'entrée d'une caverne et d'une maison. Sur les deux ailes en retour étaient deux autres portes, dont l'une était censée donner sur la campagne, l'autre sur l'*agora*. L'acteur entrait par la porte royale ; les portes latérales du fond étaient des portes de service. Le pavement était fait de riches mosaïques.

Les pièces se jouaient au milieu de décors permanents, dont on a retrouvé des restes. Sous la scène, le sous-sol était divisé en compartiments séparés contenant les machines et les décors.

Le *décor* ne visait nullement à l'illusion comme de nos jours. Il était appliqué sur une série de prismes à trois faces, chaque face portant le décor propre à chacun des trois genres de pièces qui se jouaient. Pour le genre *tragique*, c'étaient des monuments ; pour le *satyrique*, des paysages boisés ; pour le *comique*, des maisons.

L'*orchestre* était séparé de la scène par un mur de 1^m50, décoré de sculptures, représentant la vie de Dionysios ; un escalier de chaque côté descendait dans l'orchestre. Cette partie était pavée de dalles de marbre. Au centre s'élevait l'autel ou *thymela* de Dionysios, autour duquel évoluait le chœur à la suite du Coryphée. Le pourtour demi-circulaire était dessiné par la première rangée de gradins.

Les gradins s'élevaient en *amphithéâtre*. Ils étaient séparés à mi-hauteur par une allée, et divisés en compartiments par des escaliers tracés suivant des rayons partant des sommets de trois carrés inscrits. (V. fig. 55.) La première rangée des sièges était réservée aux prêtres ou archontes, les suivantes, aux personnages de marque ; les sièges, en marbre pentélique, avaient la forme de stalles séparées par des appuie-bras. Ils étaient ornés de sculptures méplates faisant connaître la qualité de l'occupant.

Parmi les théâtres les plus importants, citons en Grèce, ceux d'Épidaure, de Sparte et d'Argos ; en Asie Mineure, ceux d'Éphèse, de Milet et d'Assos ; en Sicile, ceux de Syracuse, de Catane, de Segeste et de Taormina.

Nous donnons ci-derrière la vue des ruines du dernier, un des plus beaux que les Grecs aient édifiés. Il était établi dans un site grandiose, et jouissait d'une perspective merveilleusement choisie. Il a été réparé et aménagé à nouveau pendant la période romaine ; il pouvait, dans son dernier état, contenir 30,000 spectateurs. Il fut détruit par les Arabes, mais ses ruines sont remarquablement conservées, et il garde dans l'ensemble sa physionomie primitive. La scène, avec ses trois portes postérieures, est en parfait état, et l'on peut encore compter les stalles que divisaient les neuf *curei*.

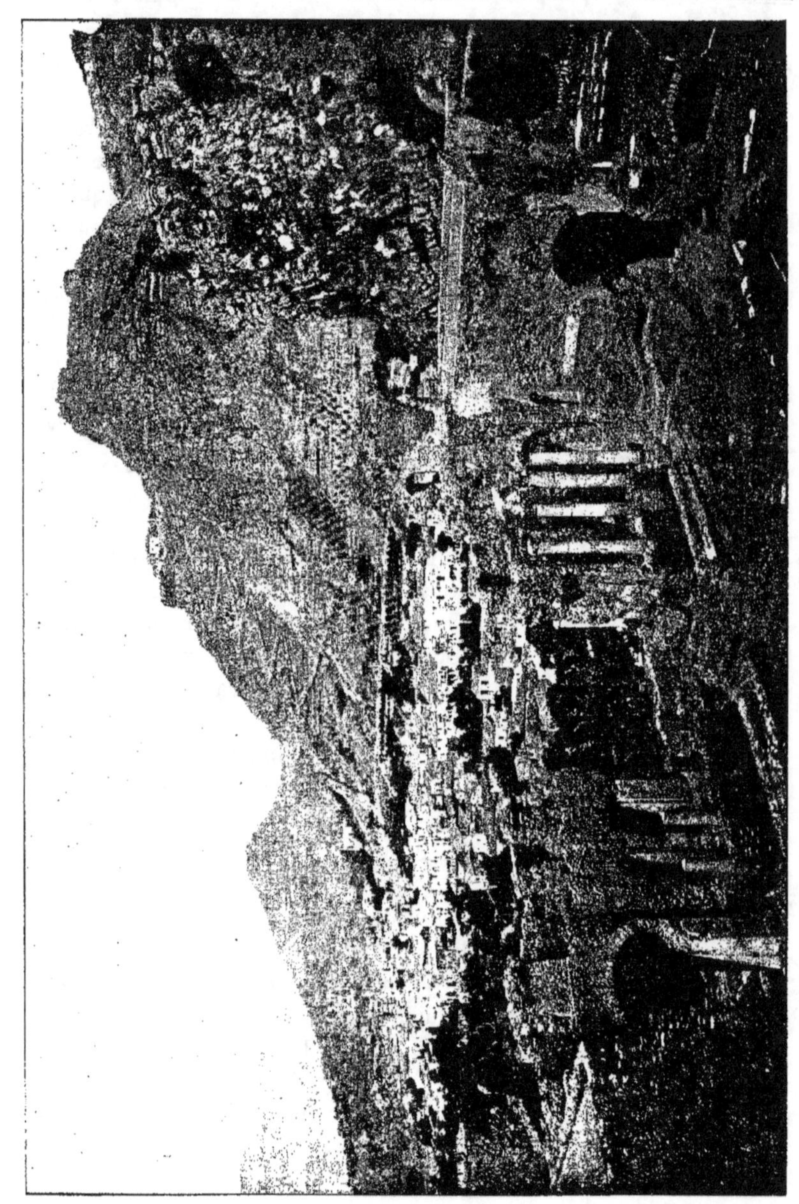

Fig. 57. — Les ruines du théâtre grec de Taormine.

TRÉSORS.

45.— A l'époque historique les trésors perdent la forme circulaire du *tholos* pélasgique. Les trésors d'Olympie offraient la forme de petits temples à antes à 2 colonnes, portant entablement et frontons. On a découvert en 1892, à Delphes, le trésor des Athéniens; il a la même forme que ceux d'Olympie, et des dimensions un peu plus grandes. C'est le chef-d'œuvre de l'art archaïque. Il doit dater de 490 à 480 avant Jésus-Christ (1).

TOMBEAUX.

46.—L'antiquité consacrait aux morts illustres des sortes de cénotaphes, qui n'étaient que de simples monuments commémoratifs, et d'autre part de véritables tombeaux qui contenaient leur dépouille mortelle.

Les plus anciens tombeaux étaient de simples tertres, sur lesquels on plaçait généralement une *stèle*, sorte de pilier bas portant le nom du défunt; ces sépultures étaient établies à proximité des villes et le long d'une voie publique.

Les cendres du mort étaient placées dans des urnes, mais, à l'époque macédonienne, l'usage de sépultures voûtées et de sarcophages commença à prévaloir. On rencontre aussi des hypogées, comme à Cyrènes. Des objets ayant appartenu au mort étaient placés dans des chambres souterraines, qui constituaient un *trésor*. Nous avons décrit le trésor d'Atrée à Mycènes, qui appartient à l'âge héroïque; c'était à proprement parler un tombeau. Les sépultures grecques de l'époque historique étaient recouvertes de petits monuments funéraires, nommés *cippes*. Quelquefois, la tombe affectait la forme d'une construction monumentale, d'un petit temple, en Asie-Mineure.

Le type de la sépulture monumentale chez les Grecs, fut le monument de Mausole, roi de Carie, à Halicarnasse (2). Cette construc-

---

1. V. *Académie des Inscriptions et Belles-Lettres*, séance du 2 juin 1893.— V. *Construction moderne*, 1894, p. 601 et *L'Ami des monuments*, 1893, p. 304.

2. J. Fergusson, *The Mausoleum at Halicarnassus restored in conformity with recently discor. romains*. Londres, 1862.

tion, élevée par Artémise, a donné leur nom aux *mausolées*. Ses restes, découverts par M. Newton en 1857 ([1]), sont conservés dans les souterrains du *British Museum*. Il s'élevait sur un grand soubassement çarré, qui avait 45 pieds de circuit. Sa masse principale se composait d'un grand stylobate rectangulaire de 40 × 60 pieds et d'une colonnade isolée de 36 colonnes ioniques, mesurant 37 pieds de développement et entourant une masse rectangulaire. Au-dessus s'élevait une sorte de pyramide de pierre de même hauteur. Entre les colonnes se dressaient dix-huit statues de héros, alternant avec des lions sculptés. Il y avait en outre une frise historiée. Les statues de Mausole et d'Artémise, debout dans un quadrige, couronnaient le monument. Celui-ci subsista jusqu'en 1402.

Ce tombeau fut l'œuvre des plus habiles artistes de l'école ionienne. Commencé en 353 avant notre ère, interrompu un moment à la mort d'Artémise, il fut achevé deux ans plus tard, par les architectes Phileas et Satyros. Il compta parmi les sept merveilles du monde antique.

ÉDIFICES DIVERS.

47.—*Odéons.*— Les odéons étaient des théâtres spécialement destinés aux *concerts*. De forme circulaire, ils étaient abrités sous une toiture soutenue par une colonnade. Les sièges, disposés en amphithéâtre, étaient très nombreux. Celui de Périclès s'élevait près de l'Acropole. La toiture, en forme pointue, décorée de mâts et d'antennes de vaisseaux perses, faisait ressembler le monument à la tente de Xerxès. Celui d'Hérode Atticus, qui surpassait les autres en magnificence, pouvait contenir, dit-on, 6000 auditeurs.

Stades. — Les stades étaient des arènes où luttaient les pugilistes et où se faisaient les courses pédestres. C'étaient de vastes terrains aplanis, entourés de levées de terres artificielles où se massaient les spectateurs. Leur surface, oblongue, se terminait par des parties arrondies, garnies de gradins comme ceux des théâtres. Ces demi-cycles avaient pour centre la borne *(méta)* que les coureurs devaient

1. Newton et R. P. Pullan, *Hist. of discoveries at Halicarnassus, Cnidus and Bronchidæ.* Naples, 1854-91.

tourner. Le stade de Messine était le plus important de la Grèce. Celui d'Olympie mesurait un stade (185 mètres) de longueur : de là le nom donné à ces rétablissements.

Hippodromes. — Les hippodromes, destinés aux courses de chevaux et de chars, offraient de plus grandes dimensions et une partie architectonique plus importante. Elle consistait dans les *barrières*. Celle de l'hippodrome d'Olympie, décrite par Pausanias, construite par Cléaetas, offrait des sortes de boxes nommés *carceres* renfermant les chars. Les portes, disposées en plan le long d'une ligne courbe, tracée suivant un arc de cercle dont le centre était au milieu de la piste, permettaient aux chars de partir à un signal donné, sans que l'un d'eux eût l'avance sur les autres ('). Pour le reste, les hippodromes ne différaient guère des stades.

48.—*Gymnases et palestres.*—Les gymnases ou palestres (²) occupaient un espace uni, entouré de murs et divisé en cours appropriées aux différents jeux ; les cours étaient entourées de portiques. Ils comprenaient des *stades* pour les courses, des *xystes* pour les athlètes, un *ephebeum*, salle où les jeunes gens se livraient aux exercices corporels, des bains chauds et froids, des salles avec exhèdres, où les philosophes donnaient leurs leçons, des autels et des statues, des vastes espaces ombragés, etc. C'est sous les portiques des gymnases que Platon, Socrate, Aristote enseignèrent leur philosophie (³).

---

1. V. *Dict. archéol. de Bose*, p. 323.
2. Les Grecs se servaient du mot *gymnase*, les Romains, du terme *palestre*.
3. V. dans Canina, *La restitution d'un gymnase*, d'après la description de Vitruve.

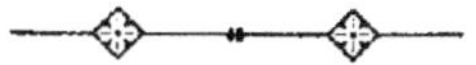

49.— Après la conquête de la Grèce par Philippe de Macédoine et avec le règne de son fils Alexandre, commence le déclin de l'architecture grecque, qui s'annonce par une modification des belles proportions de l'ordre dorique. Les colonnes s'élancent, les entablements diminuent, et les chapiteaux offrent moins de saillie. On remarque en même temps une plus grande tendance à l'ornementation, qui est toujours un signe certain de déclin. L'ordre dorique est bientôt abandonné, et le corinthien, préféré à l'ionique.

Un type de cette époque, est le temple de Jupiter-Mnémon, dont la colonne a 13 modules au lieu de 11, et dont l'entablement n'occupe plus que le $1/4$ de la hauteur au lieu du $1/3$. Les chapiteaux frisent la maigreur. C'est encore un bon spécimen, mais la décadence commence. Elle s'accentue graduellement, et d'une manière si régulière, qu'en examinant un temple dorique, par l'analyse de ses proportions on peut sûrement déterminer son âge.

Le temple de Poseidon à *Pæstum* peut être pris pour le type de la première période, le *Parthénon*, pour le type de la seconde, et le temple de *Cora*, pour le type de la troisième. Voici un tableau de leurs proportions relatives, en raison du *module*, c'est-à-dire de la moitié du diamètre inférieur de la colonne.

	Pæstum.	*Parthénon.*	*Cora.*
Colonne	8 $1/2$ mod.	11 mod.	16 mod. $2/3$.
Diminution de la colonne,	$1/3$ »	$1/5$ »	$1/5$ mod.
Hauteur de l'entablement,	$1/2$ colonne,	$1/3$ colonne,	$1/6$ colonne.
Hauteur du chapiteau,	$5/6$ mod.	$4/5$ mod.	$1/2$ mod.

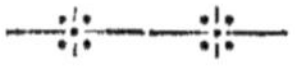

MONUMENT DE LYSICRATE.

50. — L'ordre *corinthien*, qui fut en honneur durant la décadence de l'art grec, se montre pour la première fois complètement constitué dans un monument de l'époque d'Alexandre. Comme le rappelle une inscription qui court sur l'architrave, il fut construit vers l'an 334 avant J.-C., pour rappeler le souvenir d'un jeu célèbre, et aux frais d'un chorège fameux, nommé Lysicrate de Cycine, dont la troupe, appartenant à la tribu d'Acamantide, avait remporté le prix du concours, consistant en un trépied d'or, que le monument était destiné à recevoir (¹).

Il est petit, circulaire, à huit colonnes engagées, construit en marbre blanc, et assis sur un stylobate carré. orné de refends. (V. fig. 58) (²).

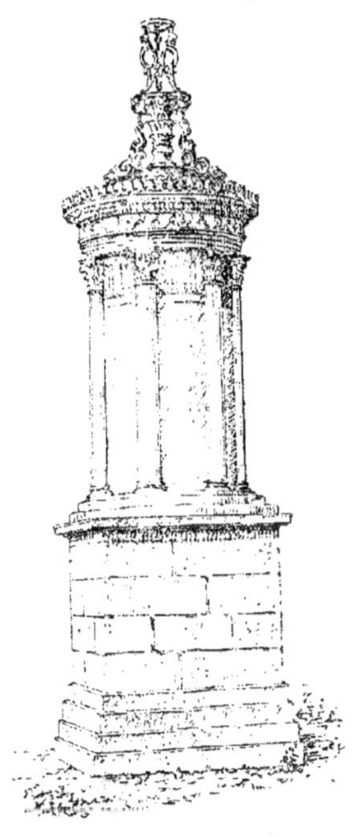

Fig. 58. — Monument de Lysicrate.

La colonne a 10 diam. inf. en hauteur, et l'entablement mesure ¼ de la hauteur de la colonne. L'édifice porte une sorte de coupole basse en marbre blanc, très richement décorée. Elle est bordée au bas d'une sorte de crétage, formé d'antéfixes très rapprochées au bord de la cymaise, et couronnée d'un fleuron d'une grande richesse, qui rappelle assez bien les fleurons des gâbles des frontons gothiques.

Les bas-reliefs de la frise représentent les aventures de Bacchus avec les pirates Tyrrhéniens.

1. La statue de Lysicrate, spécimen de l'art de la grande époque classique, appartient à la France, qui pourvoit à son entretien.

2. Consulter à ce sujet les ouvrages de Stuart, Cousin, Canina, Beulé, Mauch, Durand, etc. (*V. le moulage au Tracadero et au musée du cinquantenaire de Bruxelles.*)

MAISONS.

51. — Les habitations ordinaires des Grecs étaient généralement petites et dénuées d'étages, elles ne comprenaient ordinairement que deux pièces. Les Grecs vivaient beaucoup dehors ; ils se contentaient pour leur logement, de quelques salles exiguës ; souvent une famille n'occupait qu'une portion d'une maison commune, qu'un appartement, comme à Paris. Les *Mimes d'Hérodas*, fragment inédit de littérature grecque retrouvé en 1891, nous apprennent, en effet, que les maisons étaient souvent divisées en plusieurs locataires ; elles prenaient alors le nom de συνοικία ; οικία était le nom d'une maison occupée par une seule famille (¹).

En 1894, M. Couve (²) a déblayé à Délos quelques maisons par-

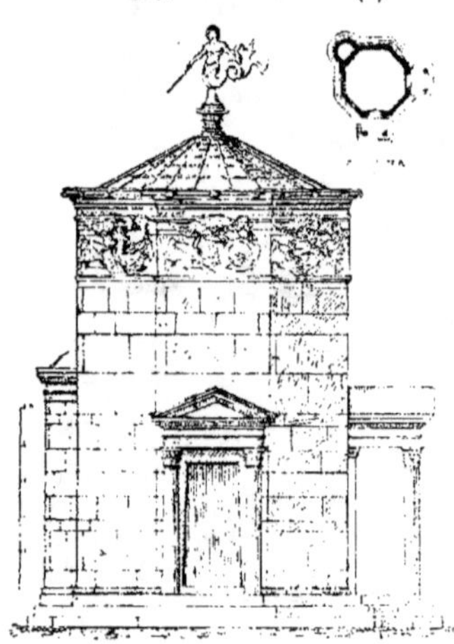

Fig. 59. — Tour des vents.

ticulières du IIe siècle avant notre ère. Pour la première fois l'on y a trouvé des exemplaires du type de la maison grecque dégagée de l'influence romaine. Le rez-de-chaussée de ces maisons est très bien conservé avec la cour centrale, ouverte, entourée d'une colonnade ; les murs sont encore recouverts de leur décoration peinte sur stuc, imitations de marbres, motifs floraux, héros ailés ; les couleurs sont conservées extrêmement vives. De nombreuses œuvres d'art ont été découvertes dans des maisons privées de l'ancienne Athènes (³). Vitruve décrit une maison fastueuse comme les Grecs en eurent à la dernière époque. Ces maisons comprenaient

---

1. V. *L'Ami des Monuments*, 1892, n° 29.

2. V. *Bulletin de l'Académie des Inscriptions et Belles-Lettres*, 30 nov. 1894, et *Bulletin des Antiquaires de France*, ann. 1894, p. 215.

3. V. dans la *Revue de l'Architecture et des Travaux Publics*, 1878, col. 130.

des appartements distribués autour de *péristyles*, cours bordées de portique ; une partie, nommée *gynécée*, était réservée aux femmes ; une autre, appelée *andronitide*, située au fond, et plus importante, était habitée par les hommes, qui y recevaient leurs hôtes.

TOUR DES VENTS A ATHÈNES.

52. — Cette construction dont nous reproduisons une restitution, appartenait à la décadence de l'architecture grecque. C'était une sorte d'horloge publique, affectant la forme d'une tour octogonale en marbre pentélique, offrant deux portes corinthiennes, percées dans deux axes à angle droit, encadrées dans un portique à deux colonnes corinthiennes ; elle mesurait 13^m50 de hauteur au-dessus de l'entablement. La frise était décorée de figures symboliques, représentant les vents et accompagnées de cadrans solaires. L'édicule abritait une horloge hydraulique. (V. fig. 59 et 60.)

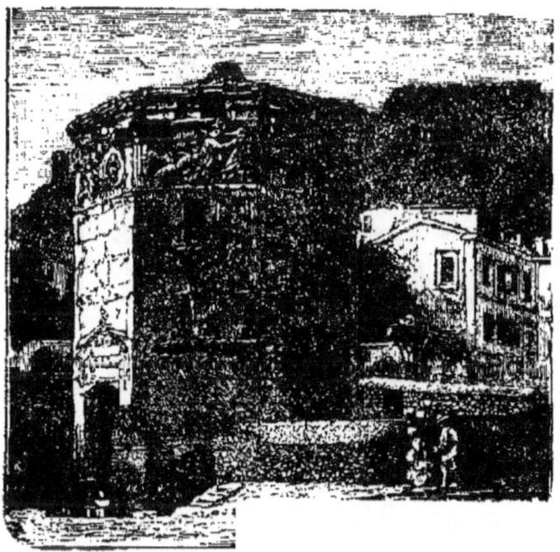

Fig. 60. — Tour des vents.

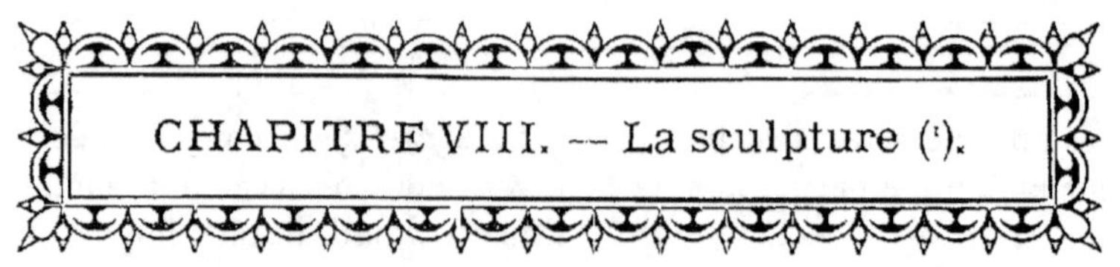

CHAPITRE VIII. — La sculpture [1].

CARACTÈRES GÉNÉRAUX.

53.—*Le type divin chez les Grecs.*—Les dieux des Grecs, héros terrestres élevés par le culte aux sommets de l'Olympe, revêtaient, non point des formes hiératiques, fantastiques, monstrueuses et hybrides comme ceux des Assyriens et des Indiens, mais offraient au contraire la perfection du type humain; chacun personnifiait une des facultés, des activités, des passions des mortels. L'éducation grecque s'appliquait au développement normal des facultés corporelles. Les Doriens furent plus épris de la beauté physique, de la santé, de la force; les Ioniens, de la beauté idéale, de la vie de l'âme. Comme pour l'architecture, la fusion de ces deux génies produisit la splendeur de la sculpture grecque, qui se distingue de celle des peuples orientaux par une intense expression de la vie [2].

C'est dans les gymnases [3], que le sentiment plastique des artistes grecs s'est développé. Les anciens ne disséquaient pas. Le Grec, dit Viollet-le-Duc, n'a étudié l'ostéologie qu'à travers le jeu des muscles et de l'enveloppe cutanée [4]. C'est en face des athlètes qu'il apprenait à connaître les formes du corps humain, tout en admirant la vigueur et la souplesse des membres, l'harmonie des facultés physiques, la justesse des mouvements, la cambrure des corps, l'expression de la force et de l'énergie, toutes ces qualités physiques liées d'ailleurs à certaines vertus morales, dont les jeux olympiques glorifiaient le triomphe. L'homme souple et fort devint le type absolu de la beauté; Polyclète en créa le *canon* dans sa célèbre statue du *Doryphoros*.

Les statues des Grecs étaient de deux sortes. Les unes représentent des personnages réels, et appartiennent à la vie intime; telles sont les charmantes figures si connues de la *Joueuse d'osselets* et de l'*Enfant à l'oie ;* les terres cuites de Tanagra montrent

---

1. G. Fougères, *La vie publique et privée chez les Grecs et les Romains.*
2. V. Lubke, *Précis de l'histoire de l'art*, p. 133.
3. R. Ménard, *La décoration en Grèce*. Paris, Rouam, 1884.
4. Viollet-le-Duc, *Entretiens*, p. 85.

dans le genre familier quantité de petits chefs-d'œuvre. D'autres, nombreuses et importantes, reproduisent des divinités et relèvent de la conception religieuse.

Ces dernières étaient des figures *héroïques*, plus abstraites et plus caractérisées. Les formes athlétiques convenaient au puissant Hercule, les membres vigoureux à Mercure, l'agile messager de l'Olympe. Pour exprimer la fraîcheur juvénile d'Apollon, la sensualité de Bacchus, il fallut créer des conceptions nouvelles, par une sorte de raffinement de l'art, dont les Grecs furent les premiers capables.

Les traits particuliers à la majesté divine, telle que leurs artistes l'ont comprise, sont le calme de l'attitude, la fraîcheur du corps, même dans la maturité physique, et la grande ouverture de l'angle facial, apanage d'une intelligence supérieure.

54.— *Le nu dans la statuaire.* — La nudité de la statuaire résultait chez les Grecs à la fois de la pratique soutenue des exercices athlétiques et de la recherche constante des effets expressifs dans le corps humain, bien plus que d'une préoccupation sensuelle. Même une pudeur instinctive les rendit à cet égard beaucoup plus discrets que ne le furent les Romains et surtout les néo-païens de notre époque. Les déesses, à l'exception de Vénus et des Grâces, étaient toujours vêtues, et encore, dans les monuments de style archaïque, ces dernières elles-mêmes étaient habillées ; elles n'apparaissent nues qu'à partir des guerres médiques. Pline nous apprend que Praxitèle avait fait deux Vénus, l'une vêtue, l'autre pas du tout. Les habitants de la ville de Cos choisirent la première par motif de pudeur ; l'autre resta à ceux de Cnide ([1]). La majeure partie des figures d'hommes étaient nues, mais le costume y intervenait souvent, comme auxiliaire de l'expression. La beauté reconnue du costume grec vient de ce qu'il laisse une grande liberté et une grande souplesse aux formes. « La draperie grecque, dit Lubke ([2]), est toujours belle et chaste, parce qu'elle ne cache pas le nu et qu'elle ne l'accuse pas non plus trop nettement. »

---

1. V. Bertrand, *Étude de la peinture dans l'antiquité*, p. 402.
2. *Ouv. cité*, p. 134.

APERÇU HISTORIQUE ([1]).

55.—*Période archaïque.*—Il s'en faut que la sculpture grecque ait d'emblée atteint sa perfection. Il a fallu plus de trois siècles d'élaboration pour l'amener à sa beauté. L'art traverse d'abord une période archaïque caractérisée par une certaine raideur des personnages, une allure conventionnelle des draperies, qui n'est pas exempte d'une grandeur étrange et d'une grâce naïve. La sculpture du bois, d'abord pratiquée presqu'exclusivement, contribua à lui donner cette raideur; on procédait par pans coupés et par dérobement, par ébauches en formes géométriques. Les premières statues lapidaires dérivent directement de ces premiers ouvrages, nommés *xoana*. Tel est l'*Apollon d'Orchomène* (VIᵉ siècle). Les îles, dont l'art est plus avancé, donnent à la même époque l'*Apollon de Tenea*, déjà beaucoup moins archaïque.

Vers la Lᵉ olympiade apparaissent les maîtres Crétois, Dipoïnos et Skyllis, les premiers, dit Pline, qui s'illustrèrent par le travail du marbre.

On a découvert en 1885 sur la terrasse de l'acropole d'Athènes quatorze statues de femmes en marbre de Paros, à l'expression étrange, au sourire mystérieux et hautain, à l'attitude raide et hiératique, merveilleusement coiffées. Ces figures, rehaussées de vives couleurs et douées d'un charme pénétrant, datent du VIᵉ siècle avant notre ère et représentent d'une manière brillante l'époque archaïque encore imparfaitement connue jusqu'alors.

Un seul maître athénien du VIᵉ siècle nous est connu, c'est Anténor, le signataire d'une statue de femme conservée au musée de l'acropole et qu'on rattache étroitement aux précédentes.

Myron, l'auteur de l'admirable *Discobole*, saisi dans toute sa puissante vérité pendant l'action vigoureuse du jet d'un disque,

---

1. Combe, *Ancient marbles.* — Emeric-David, *Histoire de la sculpture antique.* — Overbeck, *Geschichte der Griechischen Plastik.* — Kangahé, *Antiquités helléniques.* — Brunn, *Geschichte der Griechischen Künstler.* — O. Rayet, *Monuments de l'art antique.* — A. S. Murray, *A History of Greek sculpture.* Londres, 1880. — M. Lucy Mitchell, *A History of ancient sculpture,* 1883. — V. Cherbuliez, *Causeries athéniennes.* — H. Braun, *Histoire des artistes grecs.* — Ch. Diehl, *Excursion archéologique en Grèce.*

dans une pose fugitive et dans le déploiement de l'énergie physique, Myron imprima à l'art une direction nouvelle. Il fut, suivant Pline, « plus curieux du corps que de l'âme ». Il eut « un singulier don d'observation aiguë et pénétrante appliquée au monde physique ([1]). » C'était un réaliste, mais dans un sens élevé. Son athlète n'est pas un athlète déterminé, copié sur nature; c'est le type de l'athlète dans un mouvement donné.

56.—*Le cinquième siècle.*—La sculpture du Ve siècle est brillamment représentée par les marbres des frontons du temple de Zeus à Olympie. Dans la symétrie et la monotonie des figures, on observe d'ingénieux contrastes. La jeunesse rayonne sur tel visage, la vieillesse ride et épaissit d'autres figures. Une ingénieuse variété se mêle à la régularité monumentale des lignes.

Dans le fronton oriental, figurant le combat des centaures, se montre l'emportement de la lutte ; déjà le dessin est large et le modèle hardi, mais l'exécution est quelque peu inhabile. On est encore loin de l'audacieuse originalité et de l'élégance aisée des façades du Parthénon ([2]). Un art admirable éclate ici dans les figures, d'une extrême simplicité et d'une majesté suprême, qui ornent les frontons. La frise, connue du monde entier, est attribuée à *Phidias* en personne([3]); il semble toutefois qu'il ait été secondé par des aides pour l'exécution de sa magistrale

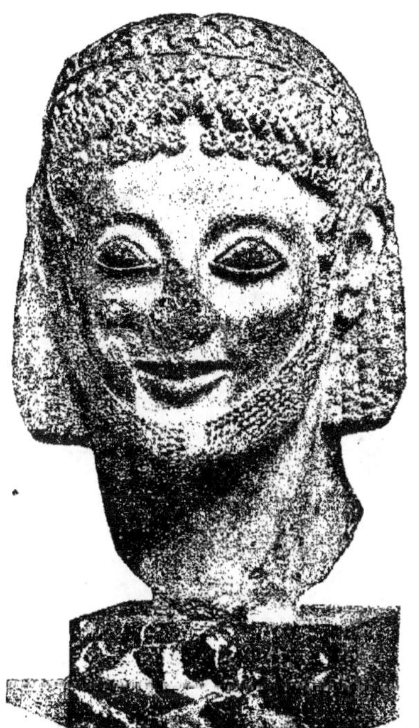

Fig. 61. — **Tête archaïque en marbre.**
(Collection à Rampin) d'après O. Rayet.

1. Collignon, *Histoire de la sculpture grecque.*
2. V. Laloux et C. Monceaux, *Restauration d'Olympie.*
3. Beulé, *Histoire de l'art grec avant Phidias,* 3e édit. Paris, 1870.

conception. Phidias fut proprement l'inventeur du bas-relief ; « il sut, avec une légère saillie, donner aux surfaces et aux plans leur valeur apparente ([1]). » L'antiquité est unanime à le placer au premier rang des sculpteurs. M. Collignon va plus loin : « Il n'a été, dit-il, donné qu'à un seul homme, de réaliser avec une telle maîtrise l'expression parfaite de la beauté, à l'un de ces moments, si rares dans l'histoire de l'humanité, où tout concourt à créer les conditions les plus favorables pour l'activité d'un génie multiple et puissant ([2]). » Laissant à l'éminent écrivain la responsabilité d'un jugement si absolu, ajoutons avec lui, que les trois grands maîtres que nous avons nommés, Myron, Polyclète et Phidias, « représentent comme les tendances maîtresses de la statuaire hellénique à cette époque privilégiée, où, sortie de sa longue adolescence, elle s'épanouit dans toute sa liberté. »

Dès le Ve siècle la tendance à l'effet caractérise une école nouvelle moins classique et plus pittoresque, inspirée du vieux Myron. Parmi ses adeptes brille Callimaque, le sculpteur délicat entre tous, l'inventeur prétendu du chapiteau corinthien.

En regard de Phidias, maître de l'école attique, Polyclète représenté l'école d'Argos. Nous l'avons dit, cet artiste s'est attaché à fixer le type idéal de la beauté humaine, et son *canon* est célèbre. Le palais Farnèse possède une copie de son *Diadumenos*. Il vainquit Phidias dans un concours. Sa statue chryséléplantine de Junon, destinée au temple d'Argos, rivalise avec la Minerve et le Jupiter Olympien de Phidias.

57. — *Le quatrième siècle.* — Au IVe siècle la statuaire s'isole de plus en plus de l'architecture ; elle devient plus personnelle, moins monumentale. Les mouvements intérieurs de l'âme montent à la surface et éclatent. « C'est ainsi, dit Lubke, que les divinités solennelles et sereines de l'école de Phidias font place à des dieux de chair et d'os, soumis à tous les désirs et à tous les emportements humains.»

Céphisodote d'Athènes inaugure cette manière, et le marbre qu'il nous a laissé, connu sous le nom du *Leucothoé* de la glyptothèque de Munich, joint à l'ampleur ancienne un caractère intime qui trahit la nouvelle tendance.

---

1. Beulé, *L'acropole d'Athènes*, t. II, p. 163.
2. *Histoire de la sculpture grecque*, t. I, p. 4.

Praxitèle et Scopas sont les plus illustres représentants de cette période macédonienne.

« Praxitèle, né à Athènes vers l'an 390 ([1]), passe, dit M. R. Ménard, pour avoir été incomparable sous le rapport de la grâce, et Scopas, pour avoir merveilleusement rendu l'expression des sentiments humains par le geste et le visage. » Tous deux ont, selon Vitruve, associé leur talent aux ouvrages du Mausolée. Praxitèle, créateur du type d'Aphrodite dans sa célèbre statue de Cnide, a donné une âme au marbre, et mis dans la pierre l'ardeur de la passion. Il excellait à sculpter les têtes et à y exprimer les sentiments d'une manière puissante. Des fouilles modernes ont mis au jour une œuvre originale de cet artiste : l'Hermès portant Dyonisos, enfant. Les types des divinités féminines et des dieux jeunes et gracieux sollicitèrent surtout son pinceau raffiné. La Grèce a possédé cinq Vénus de Praxitèle, notamment celles de Cnide et de Cos.

Les restes les plus importants qu'ait laissés la nouvelle école attique proviennent de la balustrade du temple de la Victoire aptère.

On ne sait s'il faut attribuer à Praxitèle ou à Scopas le groupe de *Niobé et ses enfants*, une des œuvres remarquables de l'antiquité.

L'école du Péloponnèse au IVe siècle a pour chef Lysippe, qui passe pour avoir produit quinze cents œuvres. Il n'a travaillé que le bronze et a suivi le canon de Polyclète, et s'est attaché à rendre la beauté plastique dans un sens viril. Il reproduisait avec prédilection la figure d'Hercule. Comme portraitiste il fut le sculpteur attitré d'Alexandre le Grand.

58. — *Époque de décadence.* — La décadence de la sculpture grecque commence à la mort d'Alexandre ; l'art se propage, gagne en étendue, mais s'énerve au contact de l'Orient, et des cours somptueuses des princes. Les derniers centres artistiques sont Rhodes et Pergame. Charès est l'auteur du fameux colosse de Rhodes, un Apollon en bronze de 105 pieds romains, qui se dressait à l'entrée du port. Le chef-d'œuvre de l'école de Rhodes est le *Laocoon*, d'Agésandres, retrouvé à Rome en 1506, et l'une des gloires du Vatican. Composition plus pittoresque que sculpturale, elle a poussé au suprême degré l'expression de la souffrance ; mais cette expres-

1. *La décoration en Grèce.*

sion semble produite à froid, comme le font des acteurs. A ses côtés se place le fameux *Taureau Farnèse*, œuvre d'Apollonius de Tralles, découvert au XVIe siècle dans les thermes de Caracalla et conservé au musée de Naples.

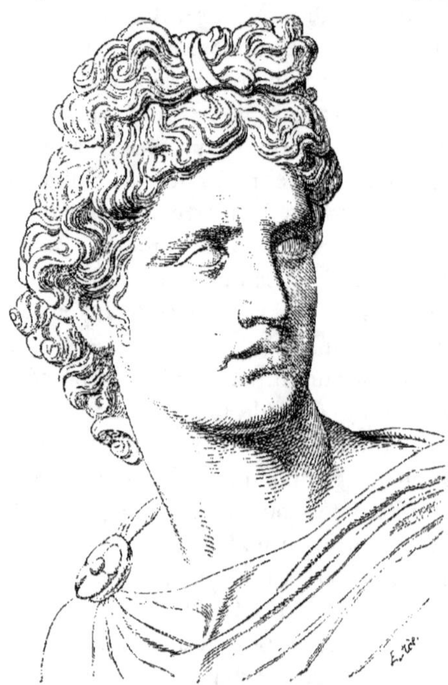

Fig. 62. — Tête d'Apollon.

L'école de Pergame paraît s'être attachée surtout à célébrer les victoires des rois Attale et Eumène sur les Gaulois. Elle a laissé une série de figures anonymes relatives à leurs exploits, notamment des statues ornant le palais des Doges de Venise, qui représentent des Gaulois copiés dans toute la vérité ethnique du type ; citons encore le *Gaulois mourant* du musée du Capitole.

Le fameux *Apollon du Belvédère* est la réplique d'un original de la même époque. Cette œuvre fameuse rayonne d'intelligence. Winckelmann inclinait à y voir le chef-d'œuvre de l'art grec ; les critiques modernes se sont montrés plus réservés à son égard.

LES BAS-RELIEFS.

59. — Au point de vue de l'art monumental, nous avons à distinguer la statue du bas-relief, et celui-ci doit nous arrêter spécialement. Le bas-relief, tel que l'ont compris les Grecs, fait corps avec l'œuvre architecturale, et lui emprunte son caractère décoratif.

En général les figures placées dans le tympan des frontons avaient un relief très accentué, presque à l'égal des statues isolées ; les sculptures qui décorent les métopes sont encore assez saillantes et se détachent presque complètement sur le fond ; on dirait des figures en ronde bosse, coupées par le milieu et appliquées sur le fond plat ; c'est le contraire pour les bas-reliefs des frises de la cella, qui sont presque plats. Ces différences sont logiques. Les métopes, qui sont à l'extérieur du monument, avaient besoin pour être vues de loin, d'être fortement accentuées, tandis que la frise, qui se déroulait sous le portique, destinée à être vue de près, demandait plus de délicatesse que de puissance de modelé.

En général les groupes des frontons grecs sont tranquilles d'allures, symétriquement groupés, pondérés avec un grand art, et les bas-reliefs des frises présentent des attitudes rythmées. La perspective est exclue des bas-reliefs, dont la composition se déroule sur un plan unique. Chez les Grecs, la sculpture monumentale remplit à merveille les conditions spéciales que leur inspire son association avec l'architecture.

Trois métopes du temple de Sélinonte, en Sicile, conservées au musée de Palerme, sont les plus anciens spécimens connus de la sculpture décorative à l'époque archaïque. Elles représentent un quadrige, le meurtre de Gorgone par Persée et Héraklès saisissant les deux Cercopes, fils de Théia, gnomes malfaisants qui avaient troublé son sommeil. Ces curieuses sculptures trahissent toutes les imperfections de l'archaïsme primitif ; elles furent exécutées vers l'an 600 avant J.-C.

Le monument funéraire recueilli sous les ruines de Xanthos vers 1840 et conservé au British museum sous le nom de *Tombeau des Harpies*, offre des bas-reliefs qui nous montrent l'état de l'art ionien en Lycie vers la fin du VIe siècle.

60.— *Olympie.* — Les marbres d'Olympie représentent la brillante manifestation de l'art plastique en Grèce (470-450) avant son triomphe sous Phidias. Nous avons déjà fait connaître le fameux Jupiter Olympien qui ornait ce sanctuaire. Abel Blouet et Dubois exhumèrent de ses ruines en 1829 trois des douze métopes qui surmontaient le péristyle. La plus belle est la fameuse métope dite du *Taureau de Crète*, que l'on admire au Louvre. (V. fig. 63.) D'une simplicité hardie, d'une largeur et d'une puissance de style incomparable, elle nous montre Héraklès cherchant à lier le taureau qu'il doit ramener en Argolide. « Le corps est rejeté en arrière par un violent effort, il a déjà réussi à lier une jambe de devant de l'animal qui se retourne vers lui furieux, menaçant. La figure d'Héraklès se détache presque en ronde-bosse et le modelé du torse dénote la main d'un maître ([1]). »

La décoration du fronton oriental, qui était attribuée au sculpteur Pæonios, reproduisait la légende du prétendant Pélops, futur époux d'Hippodamée, son stratagème à la course d'Olympie, et le suicide du roi Œnomaos. La restitution, opérée par l'archéologue allemand Curtius, est saisissante. Parmi les fragments de l'œuvre originale, il reste une superbe figure d'un rude et mâle vieillard, et de beaux morceaux de la sculpture de cette époque. Non moins remarquable est la figure symbolique du Kladeos, affluent de l'Al-

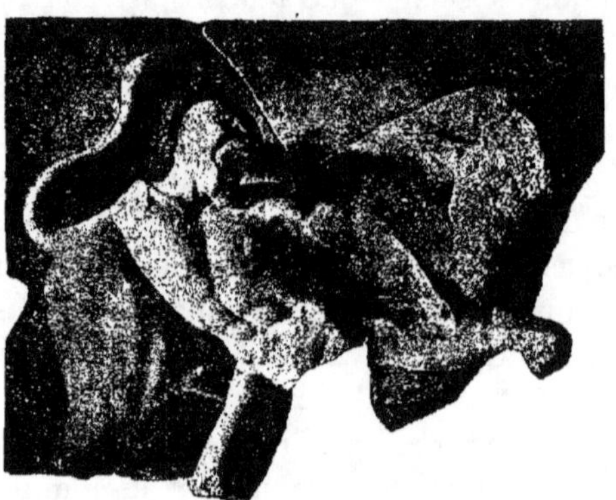

Fig. 63. — Métope du temple d'Olympie.

phée, qui se distingue par la franchise des lignes, la magistrale simplicité du travail, l'énergie du mouvement, l'intensité de la vie ([2]).

Le fronton occidental, qu'on attribuait à Alcamène, représentait le combat des Centaures et des Lapithes aux noces de Pirithoos, roi des Lapithes. Au milieu du fronton se dressait Apollon, impassible entre les groupes des combattants. « A sa droite le centaure Eurytion, la croupe et le buste tordus par un violent effort, enlève Déidamie tremblante, que secourt Pirithoos. A gauche du dieu, un autre Centaure enlève une jeune fille que défend Thésée. Plus loin,

1. Gaston Cougny, *L'art antique*, Album, t. I, p. 122.
2. A. Bayet, *Études d'archéologie et d'art.*

un Centaure et un Lapithe luttent agenouillés. Puis se présentent de part et d'autre des groupes symétriques (¹). »

Ces sculptures sont supérieures à celles du fronton oriental. Les personnages se mêlent avec des attitudes libres et vraies, quoique tordues et fougueuses ; mais elles sont entachées de rudesse et de négligence.

61. — *Egine.* — Pour la première période, nous trouvons encore de beaux spécimens de la sculpture monumentale dans le temple de Minerve à Egine, qui fut construit vers l'an 480. Les frontons représentent la guerre de Troie. La lutte se déroule autour d'un Grec blessé que Minerve, debout au centre, couvre de son égide. Un Troyen se penche pour enlever le moribond et des guerriers s'élancent de droite et de gauche, ou frappent, ou tombent dans les angles du fronton. La même scène se reproduit dans les deux frontons, avec des personnages différents. Ces sculptures, restaurées par Thorwaldsen, enrichissent la glyptothèque de Munich.

« Les mouvements, dit Lubke, sont saisis sur le vif, exprimés avec une énergie sans pareille et admirablement adaptés à la forme triangulaire des frontons ; en même temps les corps ont toutes les qualités d'agilité et de force qui font l'orgueil des gymnastes. On sent que les sculpteurs se sont plutôt préoccupés de faire vrai et fort que de faire beau, de tailler des athlètes que de créer des héros.» Il faut noter l'excès de symétrie, la juxtaposition géométrique de ces figures, qui n'ont aucun lien entr'elles. On sent que cette sculpture lapidaire ne s'inspire encore que de la statuaire en bronze.

62. — *Parthénon.* — A l'époque suivante, qui est celle de la splendeur de l'art, l'acropole d'Athènes fut le véritable champ d'activité de Phidias. C'est à lui qu'est due la décoration du Parthénon. Il fit pour ce temple la merveilleuse statue chryséléphantine de Minerve, dont la seule valeur intrinsèque atteignait presque l'équivalent de deux millions de francs ; elle mesurait 12 mètres de hauteur. Elle se dressait au fond de la cella, debout, casque en tête, la main gauche appuyée sur son bouclier planté en terre, la lance debout contre l'épaule gauche. Sur sa droite étendue se tenait une Victoire

---

1. Cougny, *ouv. cité*, p. 128.

aux ailes éployées, tenant une couronne destinée au vainqueur. Minerve était vêtue d'une longue draperie d'or, recouverte de l'égide. Les chairs étaient en ivoire, les yeux étaient formés de deux gemmes précieuses, tout le reste était d'or. On a retrouvé à Athènes deux petites réductions en marbre de cette incomparable statue.

Les deux frontons du Parthénon proclament la gloire de Minerve; celui de l'Orient retrace sa naissance. Minerve surgissait, armée de pied en cap, du cerveau de Jupiter, au milieu des habitants réunis de l'Olympe ; toute cette scène a disparu. Il ne reste que des déesses et des Victoires dans les angles. « Les angles du fronton ont inspiré à Phidias une conception géniale. Tandis que d'un côté Séléné s'apprête à plonger dans la mer avec son attelage, de l'autre on voit surgir des flots l'Aurore et ses coursiers écumants, symbole admirable du jour nouveau qui se lève sur le monde à la naissance de Minerve (¹). »

Le fronton occidental représentait, nous l'avons dit plus haut, Athena, avec le Céphèse et l'Ilissus, après sa victoire sur Poséidon, dans sa lutte pour la possession de l'Attique. « Le roi des mers vient de frapper de son trident le roc de l'Acropole ; il en jaillit à l'instant une belle source salée. Mais, tout auprès Minerve a fait sortir du sol l'olivier, l'arbre sacré. Elle a remporté la victoire ; le pays lui appartient!... Tandis que la déesse triomphante s'élance sur son char pour remonter au ciel, au milieu des acclamations de ses partisans, Neptune, furieux de son échec, se retourne violemment de l'autre côté, où l'attendent son épouse et sa suite. Les angles sont occupés par les principaux fleuves de l'Attique, le Céphèse d'une part, l'Ilissus et la nymphe Callirhoé de l'autre (²). » Le torse de Neptune subsiste, morceau de chair tout palpitant de la colère du dieu ; on conserve les figures de l'Ilissus, pleines de noblesse et de grâce. Les déesses connues sous le nom impropre de *Parques* du Parthénon, offrent de merveilleuses draperies. Ces restes malheureusement mutilés sont classés au premier rang des chefs-d'œuvre humains de la sculpture.

Des 92 métopes du Parthénon, il en reste une seule en place, une au musée d'Athènes, 15 au British museum, et le fragment d'une à Paris. Celles de la façade orientale retraçaient la guerre des

<hr>

1. Lubke, *ouv. cité*, p. 154. — 2. *Ibid.*

géants et des dieux ; celles de la façade méridionale, les combats des
Centaures et des Lapithes, sujet fréquemment reproduit dans les

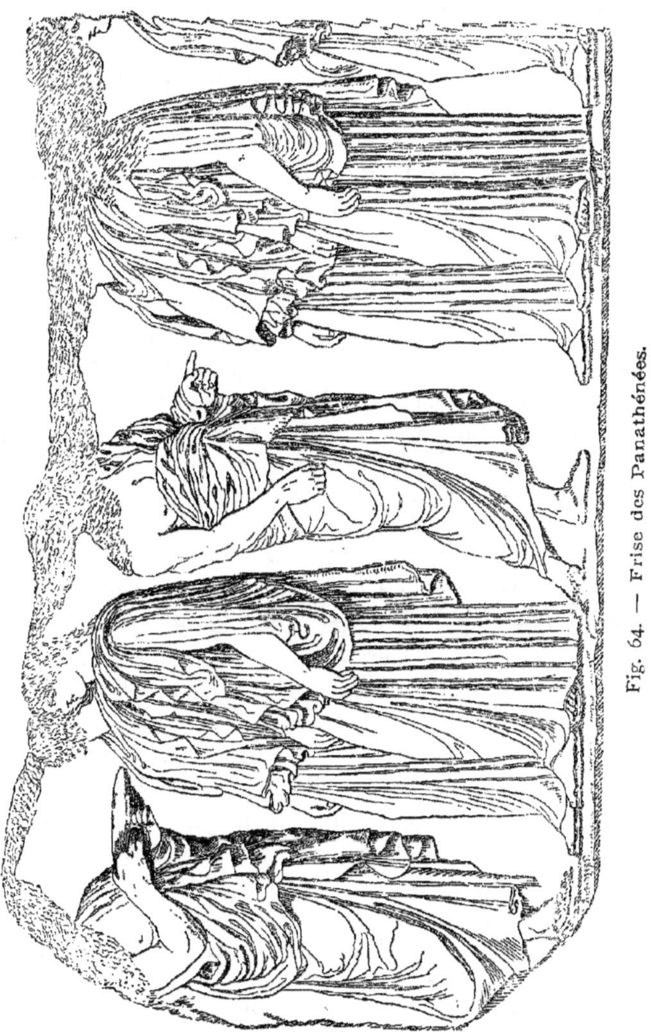

Fig. 64. — Frise des Panathénées.

frises doriques. Au côté Nord on pouvait voir des scènes de la
guerre de Troie ; et vers l'Ouest enfin, le combat des Athéniens et
des Amazones. Les lutteurs se meuvent avec une singulière aisance

dans leurs registres étroits. C'est dans les métopes du Sud, dont chacune offre invariablement un Centaure combattant un Grec, qu'on peut admirer les ressources du talent des sculpteurs, qui ont su introduire la variété dans cette répétition monotone.

Enfin la frise qui court au pourtour de la cella, forme un magistral ensemble de 120 mètres de développement heureusement conservé. Elle figure la procession des Panathénées. « On sait que tous les cinq ans les vierges d'Attique montaient à l'Acropole pour offrir à la déesse titulaire un voile magnifique brodé de leurs mains. Tout Athènes les escortait. Les magistrats marchent de front, après les jeunes filles portant le voile (arrhéphores) et les canephores, et l'élite de la jeunesse athénienne et les métœques chargés des vases d'huile.» … Justement la tête du cortège touche au temple. Les premiers groupes, archontes et hérauts, attendent en causant la fin du défilé. De droite et de gauche arrivent des jeunes filles d'Athènes, isolées ou groupées, portant dans les mains des vases et d'autres ustensiles du culte. Elles viennent à petits pas, les unes gracieuses, d'autres plus austères, toutes belles, toutes nobles, enveloppées dans ces superbes draperies, dont leur démarche solennelle dérange à peine les chastes plis ([1]).» (V. fig. 64.) Sur les faces Nord et Sud du temple on voit un convoi de victimes, béliers et bœufs, suivis d'hommes et de femmes d'Athènes, des porteurs d'offrande, des musiciens, puis enfin les coureurs avec leurs attelages. L'arrière-garde est formée de jeunes cavaliers, maîtrisant de vigoureux coursiers, qui se dressent avec impatience.

L'une des figures extrêmes, Thésée ou Hercule (?), a dû être un type de perfection ; mutilée elle est encore imposante. « La vie des dieux, dit Ch. Blanc, respire dans cette poitrine dilatée, que recouvre une peau élastique, ramenée vers l'épaule gauche par l'exhaussement du bras qui porte le poids du torse, d'un torse robuste, mais élégamment évasé et souple en sa vigueur. » Les deux déesses Déméter et Coré, la mère et la fille, qui sont voisines de ce dernier, sont parfaites entre toutes les figures des frontons. (V. fig. 65.) « Tout entières à leur tendresse les deux déesses ne se doutent point qu'on les regarde ; elles ne posent point, et cependant

---

1. Lubke, *ouv. cité*, p. 154.

elles présentent un groupe de la plus fière tournure, de l'enveloppe la plus harmonieuse (¹). »

Il faut renoncer, dit Blanc, peut-être avec une légère exagération, à jamais voir au monde de plus belles draperies que celles des trois figures mutilées auxquelles on a donné le nom des *Trois Parques*. « Par la puissance magique d'un art qui ne sera point surpassé, le statuaire a fait, cette fois, non seulement une enveloppe révélatrice de la beauté, mais comme une émanation silencieuse de l'âme (²). »

Les chevaux de Phidias sont tout muscle et tout nerfs, frémissants, mais parfaitement dominés par les fiers et nobles jeunes gens qui les montent. Un fragment de la frise qui est resté au

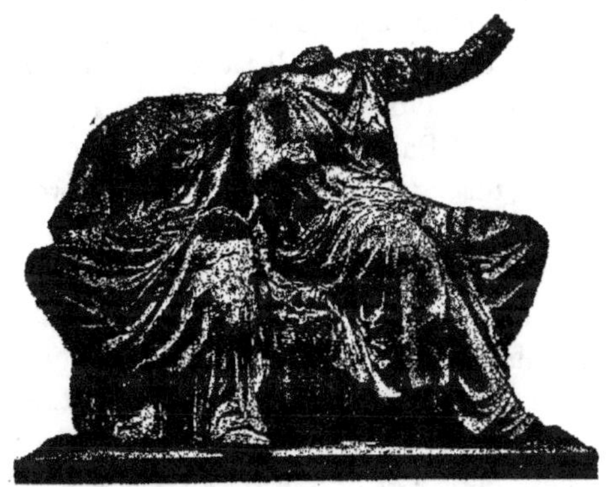

Fig. 65. — Déméter et Coré, groupe du Parthénon.

musée d'Athènes, représente un groupe de dieux, témoins des préparatifs de la fête des Panathénées.

Citons encore dans ce magnifique cortège, une théorie de vierges vêtues de robes aux plis droits, et les vieillards des tribus attiques appuyés sur de longs bâtons.

C'est à cette frise que l'on attache particulièrement le nom de Phidias. Toutefois s'il est admis que le maître a conçu et dessiné le magnifique ensemble de ces bas-reliefs, les imperfections de rendu semblent indiquer que ses élèves l'ont assisté dans cette tâche considérable.

---

1. O. Rayet, *Monuments de l'art antique.*
2. Ch. Blanc, *Grammaire des Arts du dessin.*

63.—Les sculptures du temple de Thésée à Athènes appartiennent à la plus belle époque. On ne conserve malheureusement que les frises et les métopes. Celles-ci figurent les travaux d'Hercule et les exploits de Thésée en haut relief, d'une allure vraie et puissante. Les frises, en relief plus plat, déroulent des combats; on voit dans l'opisthodome la bataille de Thésée et des Lapithes contre les Centaures; dans le pronaos, d'autres sujets analogues. Il y a loin de ces scènes vivantes et impétueuses aux sculptures encore froides et peu expressives des frontons et des frises d'Egine, qui, cependant, n'étaient antérieures que de quelques années.

LES STATUES.

64. — Nous ne reviendrons pas sur les statues archaïques; disons quelques mots des œuvres capitales de statuaire. La Minerve du Parthénon, dont nous avons parlé plus haut incidemment, ne fut pas le chef-d'œuvre de Phidias. Elle fut surpassée encore par le Jupiter Olympien, terminé en 432. Le dieu suprême était figuré assis dans le naos sur un trône resplendissant, coiffé d'une couronne d'olivier en or émaillé de vert, tenant de la gauche un long sceptre d'or rehaussé de pierreries, et de sa droite soutenant une Victoire ailée qui avait en mains l'écharpe destinée au lauréat des jeux Olympiques. Le buste était d'ivoire ; il était enveloppé dans un manteau d'or semé de diaprages gravés. Le trône somptueux était fait d'ébène, d'ivoire et de pierres précieuses, et couvert d'une multitude de fines sculptures historiées. Cette statue a excité dans l'antiquité un enthousiasme, dont l'écho s'est répercuté jusqu'à nous. Après avoir trôné huit cents ans dans son temple elle fut détruite par un incendie. Des médailles antiques nous ont seules révélé ses traits d'ensemble.

On ne connaît que par des copies (v.fig.66) l'Apollon *Sauroctome* ou tueur de lézards de Praxitèle, une des œuvres saillantes de l'école attique du IVe siècle. Mais les Allemands ont découvert dans les ruines du temple d'Héca, à Olympie, l'Hermès en marbre, portant dans ses bras Dionysos enfant. Le dieu, dans une pose d'une élégante et juvénile nonchalance, s'appuie sur un tronc d'arbre. Sur le bras gauche est assis l'enfant. L'œuvre est exquise et très achevée. Mais elle n'a plus rien de la souveraine majesté des figures de Phidias.

C'est à l'école de Phidias ou plutôt de Scopas, que l'on doit la célèbre Vénus de Milo, trouvée en 1820 dans l'ile de ce nom, l'une des gloires du musée du Louvre; elle faisait probablement partie d'un groupe, dont plusieurs restitutions ont été tentées; la plus connue la suppose groupée avec Mars. Cette statue, célèbre entre toutes, est attribuée au IVe siècle.

Le musée du Vatican possède une réplique du fameux athlète se frottant avec son strigile, qui orne les Thermes d'Agrippa. Il représente l'art de Lysippe, le maître fécond de l'école sicyonienne, qui florissait dans la seconde moitié du IVe siècle. Il affranchit les artistes des traditions convenues, et préconisa la seule étude de la nature. Il créa un *canon* nouveau, comportant une tête petite et une taille allongée.

La Victoire de Samothrace exhumée par M.Champoiseau, est le plus récemment découvert des chefs-d'œuvre de l'art

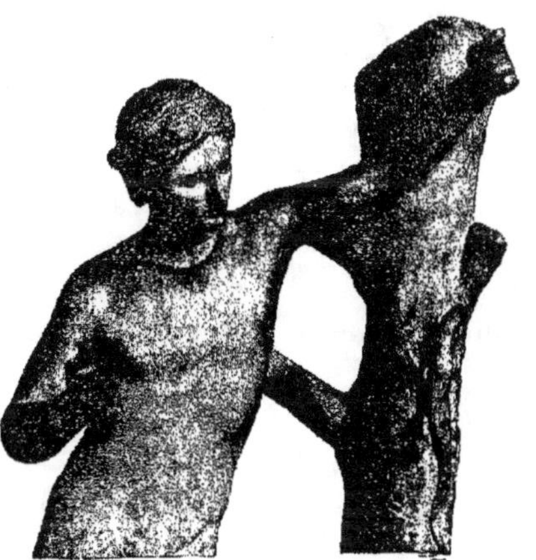

Fig. 66. — Apollon Sauroctone.
(Musée du Louvre.)

grec (¹). Cette magnifique statue ailée, debout à la proue d'un navire, se rapproche du grand style de l'école de Phidias, bien qu'elle date de l'époque des successeurs d'Alexandre.

Le groupe dramatique et tourmenté de Laocoon et de ses fils en proie aux serpents (²), œuvre d'Agésandre de Rhodes, montre que l'art grec n'est pas toujours resté immobile dans la correction académique de ses lignes. C'est surtout en Asie-Mineure dans l'école de Pergame, qu'il excelle dans les sujets dramatiques. On a toutefois fait remarquer, que cette école manque de sincérité dans

1. *Victoire de Samothrace.* V. Héron de Villefosse, *Revue des familles*, 15 déc. 1892. — G. Cougny, *L'art antique.* — A. Conse, A. Hauser et O. Benndorf, *Nouvelles recherches archéol. à Samothrace.* (V. *Rev. gén. de l'architecture*, de C. Daly.)

2. E. Ghérard. *Praxitèle, Essai sur l'histoire de l'art et du génie des Grecs.* Paris, 1864.

l'expression passionnée; le Laocoon est un acteur; il appartient en plein à la décadence ([1]).

Cariatides. — On ne peut trouver de plus parfait exemple de la sculpture greffée sur l'architecture et intimement soudée à elle, que dans les six cariatides de la tribune de l'Érechtéion.

PEINTURE.

65. — *Polychromie monumentale.*—Jusqu'au commencement de ce siècle, il était admis dans les académies de l'Europe, que les monuments des Grecs comme ceux des Romains étaient monochromes. La chose eût été tout au moins étonnante, en présence de l'usage constant, dans l'antiquité orientale, inspiratrice de l'art grec, du décor polychrome. « Toutes les architectures connues, a dit Viollet-le-Duc, se sont aidées de la peinture, ou plutôt (car il faut éviter les équivoques) de l'harmonie produite par l'assemblage des couleurs pour donner à la pierre, aux enduits et même au marbre une valeur indépendante de la forme plastique. »

Les Grecs avaient reçu leurs premières traditions architecturales des Égyptiens,dont les édifices étaient intégralement coloriés : nous avons vu que les temples de Louqsor, de Karnak, de Philœ, d'Edfou, etc., les hypogées d'Abou-Sembil, les tombeaux, les momies, tout était brillant de peintures. D'autre part, toute la parure des palais Assyriens, si rudimentaires en leurs formes, et fort sobrement sculptés, consistait en céramiques multicolores et en briques de couleurs, et ces traditions restèrent en honneur chez les Perses.

En dépit de ces traditions universelles, et de l'évidence des faits, on a cru longtemps, que les monuments des Grecs ont gardé sans mélange la virginale blancheur de beaux marbres de l'Attique. Il est vrai qu'en dehors de la Grèce proprement dite, la plupart des temples étaient faits d'une pierre plus grossière, revêtue de stucs ; ceux-là même on les avait crus monochromes.

La vérité se fit jour il y a trois quarts de siècle.

Labrouste, qui osa en 1812 envoyer à l'Académie une restitution polychrome des ruines de Pœstum, avait été mis, selon l'expression de Viollet-le-Duc, au ban des architectes. Vers 1824, Hittorf, se-

---

1. O. Rayet, *Monuments de l'art antique*, t. II.

condé par le baron de Guérin et le sculpteur Thorwaldsen, restitua le décor polychrome des temples de Sélinonte, d'Agrigente et de Syracuse ([1]). Il avait eu la bonne fortune de retrouver deux inscriptions, qui étaient les témoins irréfutables de ses théories et qu'il a inscrites comme épigraphe au frontispice de son livre : « *L'architecture polychrome des Grecs.* »

Au peintre	Aux doreurs,
à l'encaustique	à celui qui a doré
Dionysodore	les volutes,
qui a cautérisé	ce qui lui est dû
la cymaise de	encore en dehors
l'architrave	de ce que nous
de l'intérieur, V obo-	lui avons donné
les par pied pour	
CXIII p. avec ce	De l'or acheté
qu'il avait déjà reçu	pour les volutes
XXXXII dr. L. ob.	CLXVI feuilles à 1 dr. la f.

La mémorable controverse soutenue par Raoul Rochette contre Hittorf se termina par l'éclatant succès de ce dernier, bientôt confirmé par les travaux de Letronne ([2]) en France, et de Franz Kugler ([3]) et surtout par ceux de God. Semper ([4]) en Allemagne. Avant eux l'ancienne conception de l'art antique avait déjà été ébranlée par Quatremère de Quincy, lorsqu'il publia son grand ouvrage sur le Jupiter Olympien ([5]), et l'on peut encore citer parmi les champions de la polychromie en Grèce, Wagener, Schelling, Cockerell, Dodweld, Wiegmann, O. Müller, H. W. Inwood, etc. Il existe sur cette seule question toute une bibliothèque vieille déjà d'un demi-siècle ([6]).

66. — *Éléments du décor polychrome.* — Nous donnons ici quelques rudiments du décor polychrome de l'architecture grecque.

1. V. Hittorf, *L'architecture antique de la Sicile.* — Restitution du temple d'Empédocle à *Sélinonte.* — *Architecture polychrome chez les Grecs*, 1852.
2. Letronne, *Lettres d'un antiquaire artiste.*
3. Kugler, *Peintures antiques inédites, précédées de recherches sur l'emploi de la peinture dans les édifices sacrés et publics des Grecs et des Romains.* Paris, impr. royale, 1826.
4. V. G. Semper, *Der Stil*, 2e édit. Munich, Bruckmann, 1878.
5. Quatremère de Quincy, *Le Jupiter Olympien, ou l'art de la sculpt. ant.* Paris, 1815.
6. V. J. Helbig, *Revue de l'Art chrétien*, 1893, p. 448.

Les peintures étaient le plus souvent composées d'ornements

Fig. 67.

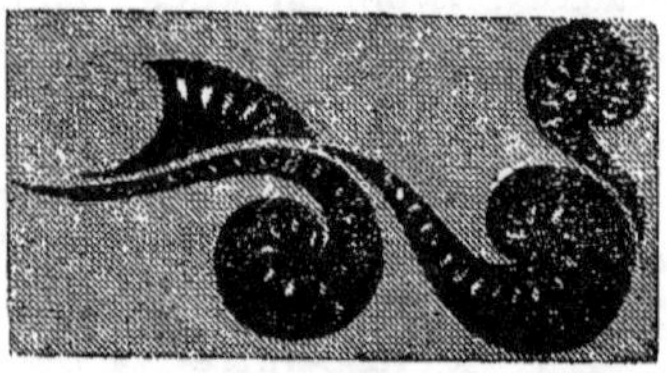

Fig. 68.

réguliers très stylisés et distribués en une ordonnance eurythmique.

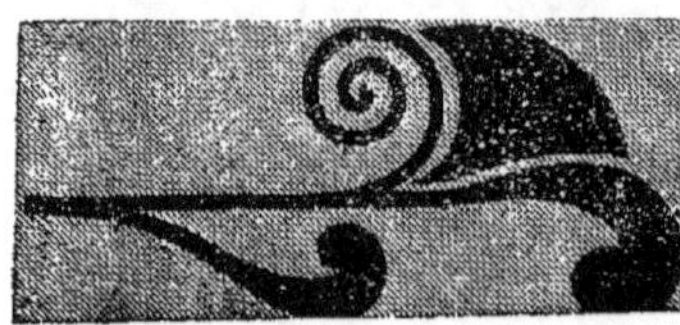

Fig. 69.

Ils offraient des alternances de palmettes (fig. 67), de volutes (fig. 68, 69), de frettes, d'entrelacs, de méandres (fig. 70, 71, 72). Ces derniers, qui ont reçu précisément le nom de *grecques*, formaient la base des ornements des bordures dites « panathénaïques ».

Fig. 70.

Les couleurs employées étaient le ton d'ocre relevé de noir ou le ton rouge brique réchampi d'ocre jaune et de noir ou rarement rehaussé de filets déliés de blanc.

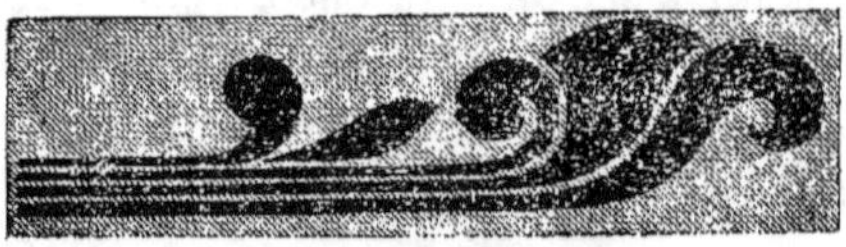

Fig. 71.

Nous donnons ci-après un remarquable spécimen de frettes alternant avec des fleurons et des bestioles, que l'on rencontre dans les caissons du plafond des Propylées d'Athènes (fig. 73).

Voici quelques éléments décoratifs très caractéristiques de l'art grec : Ce sont différents types de pétioles qui entrent dans la composition des palmettes si fréquentes dans le décor hellénique.

Fig. 72.

Ces pétioles sont tantôt droits, tantôt ondulés, flamboyants, épanouis (fig. 74). Ils semblent être empruntés au chèvrefeuille. Les

Fig. 73.

palmettes que les Grecs ont composées avec ces éléments sont re-

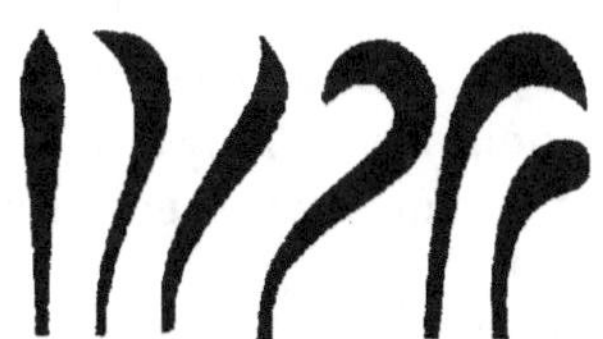

Fig. 74.

Fig. 75.

marquables par leur élégance, leur gracilité, la juste pondération des pleins et des vides et leur caractère puissamment stylisé.

Fig. 76.

Dans les figures qui suivent, la feuille du lotus s'unit à la palmette en une alternance des plus heureuses (fig. 75 à 78.)

Ce n'est que dans les derniers temps de l'art grec, qu'apparaissent les rinceaux enroulés qui de-

Fig. 77.

Fig. 78.

vaient prendre un si grand développement dans l'ornementation architecturale des Romains([1]).

---

1. V. *Moniteur des archit.*, année 1874, (Propylées) 1876 (temple de la Vict.).

Il y aurait, dit M. Girard ([1]), un livre à écrire sur la polychromie des temples grecs, un autre, sur celle de leurs statues et de leurs bas-reliefs.

La peinture était appliquée sur le stuc, qui couvrait ordinairement la pierre des temples, ou même sur le marbre, dans les temples de l'Attique. On sait qu'il n'y eut guère que les monuments d'Athènes, qui furent exécutés entièrement dans cette riche matière; ailleurs, souvent, les temples sont construits en tuf, ou en matériaux plus ou moins grossiers, dissimulés sous l'enduit et la peinture ([2]).

L'architrave du Parthénon était blanche, décorée seulement de boucliers dorés; celle du temple d'Égine était entièrement peinte en rouge. L'ordre dorique surtout aimait la couleur. On recueille encore aujourd'hui sur l'Acropole d'Athènes, des parcelles de rouge et de bleu, demeurées attachées aux mutules des Propylées. L'ancienne architecture ionique de l'Acropole était entièrement peinte.

67. — *Dans les temples doriques*, les couleurs étaient vives et franches. *Les colonnes* paraissent avoir été peintes de préférence en jaune pâle,

> *les chapiteaux*, en couleur vive ; l'échine était sans doute ornée de palmettes, le tailloir, de grecques ([3]).
>
> *l'architrave*, en   »   rouge unie ou en blanc.
> *les triglyphes*, en   »   bleue
> *les métopes*, en   »   rouge, comme fond; sur ce fond les bas-reliefs détachaient leurs accessoires en bronze doré ;
> *les mutules*, en bleu
> *le fond du fronton* était également bleu.

Les moulures encadrant le fronton étaient décorées de feuilles rouges et bleues.

Le chéneau était coloré de tons vifs.

---

1. P. Girard, *La peinture antique, Bibl. de l'enseign. des B.-A.* Paris, May et Motteroz, 1892.
2. Hittorf, *La polychromie chez les Grecs.*—J. Helbig, *Revue de l'Art chrétien*, nov. 1893.
3. Ch. Garnier, *Polychromie du temple d'Égine*, dans la *Revue de l'architecture*, 1858.

L'ensemble constituait une polychromie archaïque en harmonie avec la vigueur du style dorique.

68. — *Dans les temples ioniques*, les couleurs étaient réparties avec plus de mesure et mêlées de beaucoup d'or. Les bleus et les rouges dominaient toujours. Les documents manquent malheureusement pour restituer la polychromie de ces temples, et encore plus pour ceux de l'ordre corinthien.

69.—La couleur jouait un rôle non moins important dans la sculpture; les preuves en abondent. De toutes ses œuvres, Praxitèle préférait celles auxquelles le peintre Nycias avait collaboré. Le musée de Berlin possède une tête d'Athéna, qui montre encore la coloration des chairs. Les statues archaïques trouvées à Athènes dont nous avons parlé plus haut, étaient richement peintes et doré.

« Nous ne saurions, ajoute M. Girard, aborder ici la question de savoir s'il convient ou non de revenir, en sculpture, à la polychromie... Rappelons seulement que notre sculpture, comme notre architecture, procède d'un mal-entendu.

« Elle a pris pour modèle les statues décolorées trouvées dans les ruines antiques, et elle a cru que là était la vérité. Cette croyance commence à s'ébranler (¹). »

70. — *Peintres grecs.*— Nous connaissons peu de chose des peintres décorateurs grecs, nous devons nous borner à citer les noms des artistes les plus célèbres, sans pouvoir déterminer le caractère de leur talent. Le plus ancien dont on ait parlé comme d'un maître, est Polygnote, qui fut contemporain de la première guerre médique. Il avait décoré le Pœcile d'Athènes et le temple de Delphes. « Il est permis, dit M. R. Ménard, de supposer que son style devait se rapprocher de celui des peintures de vases qu'on faisait à la même époque. En tout cas, ses ouvrages devaient être assez rudimentaires sous le rapport du coloris, puisque c'est postérieurement à lui qu'Apollodore cessa de peindre avec les quatre couleurs primitives et se constitua une véritable palette. Toutefois, Parrhasius et Zeuxis, qui vivaient sous Périclès, sont les premiers dont les auteurs aient parlé avec éloges sous le rapport du coloris. Avant eux, on mettait

---

1. *Revue de l'Art chrét.*, 1892.

sur tout le personnage une couleur uniforme et on indiquait les ombres avec des hachures brunes ou noires, mais dépourvues de la couleur réelle.

« Le peintre le plus célèbre de toute l'antiquité a été Apelle, qui paraît avoir occupé dans l'art grec la même place que Raphaël

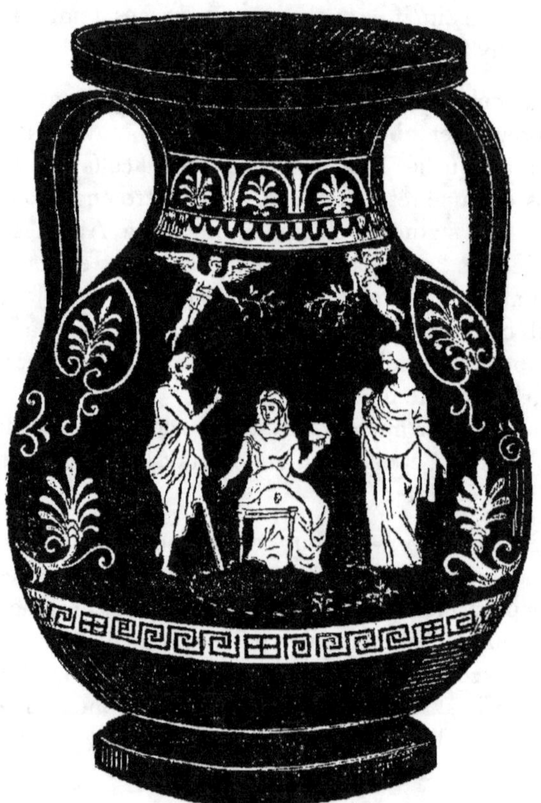

Fig. 78. — Vase grec.

dans l'art italien. Il fut le peintre favori d'Alexandre, mais on lui trouva un rival dans Protogène. Les auteurs anciens vantent beaucoup les ouvrages de ces artistes, mais leurs descriptions sont insuffisantes pour nous donner une idée de leur style. Toutefois, comme la peinture semble avoir toujours été un peu subordonnée à la sculpture, il est probable que la composition des tableaux devait offrir beaucoup d'analogie avec celle des bas-reliefs, c'est-à-dire que la scène se déroulait d'un côté à l'autre, sans se développer beaucoup dans la profondeur perspective. Comme le paysage n'a jamais été une partie importante de la peinture dans l'antiquité, on peut présumer que les anciens étaient inférieurs aux modernes pour tout ce qui touche au coloris et aux grands aspects du clair-obscur. »

Ornement polychrome grec.

FIN.

TABLE DES MATIÈRES.

I. Origines ; chronologie ; géographie ; caractères généraux.

II. Age héroïque ou pélasgique ; acropoles ; tombeaux ; habitations.

III. Age historique. Première époque, les ordres.

IV. Suite de la première époque historique ; le temple.

V. Description de temples de la première époque.

VI. Deuxième époque. L'acropole d'Athènes, le Parthénon, l'Érechtéion, les propylées, les théâtres, etc.

VII. Troisième époque. Le monument de Lysicrate, les maisons, la tour des vents.

VIII. La sculpture.

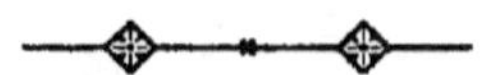

ERRATA.

Page 4, note 2, première ligne, *au lieu de :*

fouilles de 1870-72, *lisez :*

fouilles de 1870-82.

Imprimé par DESCLÉE, DE BROUWER ET Cⁱᵉ.

TRACTS ARTISTIQUES.

1° L'art monumental des Égyptiens et des Assyriens.

2°   »   »   des Indous et des Perses.

3°   »   »   des Grecs.

4°   »   »   des Romains.

5°   »   »   latino-byzantin.

6°   »   »   roman.

7°   »   »   gothique.

8°   »   »   de la Renaissance.